JN198408

未来社会を展望する

キャリアデザイン

山本和美・高橋　浩

学術図書出版社

序文

　本書を手に取られた読者のなかには，大学生活のスタートラインに立たれた方が多いのではないかと思われます。未来への期待と不安が交錯する今が，自分自身を深く見つめ，将来のビジョンを描く絶好のタイミングではないでしょうか。そんな皆さんがこれから進むべきキャリアの道を切り拓くためのヒントとしていただきたく，本書を執筆しました。

　私たちを取り巻く環境は，急速に変化し続けています。目まぐるしい技術革新やグローバル化を背景に，私たちの働き方や価値観も大きく変わるなかでは，「自分らしさ」という武器が皆さんの1番の味方となることでしょう。そのために，大学生の今，「自分らしさとは何か」といった自分自身の興味・関心・価値観を探索することで，目指す人生の目標を明確化し，その実現のために大学生活をどのように過ごすべきかを考え，実践していくことが重要です。

　本書では，皆さんが自己理解を深め，自分の強みや価値観を明確にするだけではなく，多様な視点から変化に対する力を身につけられるように構成しています。各章に配置された個人ワークによって自己理解を多面的に深める過程で，自身のよさに気づいて自己効力感につなげていくことや，グループワークを通して，学びを他者と共有しつつ，相互理解のための態度や姿勢を身につけていくことを期待しています。

　未来は予測できないことが多いです。だからこそ，今ここで学び，考え，行動し，広く見通すことが，「自分らしいキャリア」への1歩になります。本書を通して，自分自身の可能性を最大限に引き出し，自分のキャリアを自由にデザインし，未来の不確実性を楽しむ力を身につけてください。皆さんにはたくさんの可能性があります。本書が，皆さんの未来をより明るく，充実したものにする一助となることを心から願っています。

　それでは，一緒にキャリアの旅を始めましょう！

山本和美

高橋　浩

目　次

コラム一覧

キャリアにとって今から必要な準備とは？

　大学3年生になれば就職活動が本格化します。その方法や正解を求めて慌ててネット検索をする人がほとんどです。しかし，そこには重大なことが抜け落ちています。職業選択の基準となるあなた自身のことについては書かれていないのです。職業を選択するには，業界や仕事の理解も必要ですが，自己理解が不可欠です。なぜなら判断の基準が自分にあるからです。本書では，あなたが自分自身の「探索者」となって，自己理解の旅に出てもらいます。

急がば回れ

　職業選択は人生に大きな影響を与える重要な選択です。以前よりも転職は容易になりましたし，必ずしも生涯で1つの職業や会社で生きるわけでもなくなってきました。とはいえ，転職にはそれなりに時間とエネルギーが必要ですから，安易に転職するわけにはいきません。したがって，職業選択にはしっかりと準備をして取り組む必要があります。

　人生で重要な選択をするための手っ取り早い方法があるとよいのですが，そんな便利な方法はないと思ってください。**自分の人生を決めるのは，他ならない自分自身です。**たとえ，親や教師が勧める職業があったとしても，最終的に決めるのは自分しかいません。この意味で「**人生の主人公は自分**」であるといえます。職業選択をするためには，自分が納得して決めないといけません。これがないと，就職後に後悔したり，30代〜40代になっても仕事に満足感を得られないまま働くことになったりします。

　職業選択の手っ取り早い方法はないと述べましたが，一見そう思えるものは世の中に沢山あります。職業適性検査を受ければ，あなたに合った職業の候補は簡単に出てきます。就職支援会社もいくつか候補の企業を提案してくれるかもしれません。しかし，自分自身のなかに判断基準を持っていなければ何が正解なのか確信が持てませんし，決断することができません。

　そこで必要なことは，職業選択の「**自分なりの判断基準**」をしっかりと構築していくことです。それは手間のかかることですが，この手間を省いてしまうと，ネットや誰かに決めてもらおうという心理が働き始めます。それでは自分の人生を他人に任せることになります。あなたが人生の主人公として生きるならば，しっかりと判断基準を作る必要があります。それを始めるのは早いに越したことはありません。本来は，中学校，高校から徐々に作られるべきものです。しかし，今，その判断基準がないと思う人は，今からでも遅くはありません。むしろ，就職を現実的な課題として捉えている今がチャンスです。

判断基準の作り方

　判断基準を作るには，まずは自分を知ること（自己理解）です。これに加えて，社会や仕事，働くことを学ぶこと（仕事理解），自分はどのように働くことが適しているのか体験しながら試してみること（啓発的経験）です。これを繰り返し行っていくなかで判断基準が徐々に確立していきます。その先に，あるいは，それと並行して，就職活動があります。

　この判断基準作りを飛ばして，いきなり就職活動に入ると，どのようなことが起きるでしょうか。まず，エントリーシートを書くことができません。学生時代に力を入れたこと（以下，ガクチカ）や自己 PR が書けないという学生は非常に多くいます。啓発的経験をしてこなかったからです。他人に自慢できることでなくても構いませんが，何らかの経験を通じて自分の特徴が見えてきたとか，素晴らしい，やりたいと思える仕事やその方向性を発見する体験を重ねることが重要です。啓発的経験をせずにエントリーシートを書こうとするとネットにある記入例をまねし始めます。でも，全く自分らしいものにはなりません。当然です，ネットにあることは自分のことではないからです。ガクチカや自己 PR，志望動機の**正解は自分のなかにあります**。啓発的経験をせずに，就活を始めてから慌てて書こうとしても書けないのは当然のことです。採用する側も，あなたがどんな人かをあなたの経験を通じて知りたいのです。

　そのため，大学 1 年のときから，自己理解，仕事理解，啓発的経験をしていく必要があります。この本は，自己理解・仕事理解を中心に行っていくワークブックになっています。この本で，自己と仕事の探索の旅に出てください。そして，これをもとに，あるいは並行して啓発的経験もたくさんしていってください。インターンシップもそうですが，それだけでなくアルバイト経験，ボランティア経験，学業，課外活動，違う世代の人たちとの交流など沢山あるはずです。さらにそのなかで，人間的にも能力的にも成長していってください。

本書の道筋

　本書は自己理解，仕事理解を探索していくワークブックです。第 1 章では，働くことやキャリアデザインについて学びます。第 2 章〜第 9 章では自分の個性全般の理解から，強み，価値観，職業興味を見ていきます。第 10 章〜第 13 章では，社会変化や組織と自分との関係について見ていきます。各章のワークシートに書き込んでいくことによって，このワークブックにはあなたが自分や社会について発見してきたたくさんのことが蓄積されていきます。最終章まで来たときに，是非，このワークブックを見返してみてください。そして，あなたは職業選択の基準だけでなく，今後のキャリアの展望も明らかになっていくと思います。最終章では，それらを総まとめしていきます。

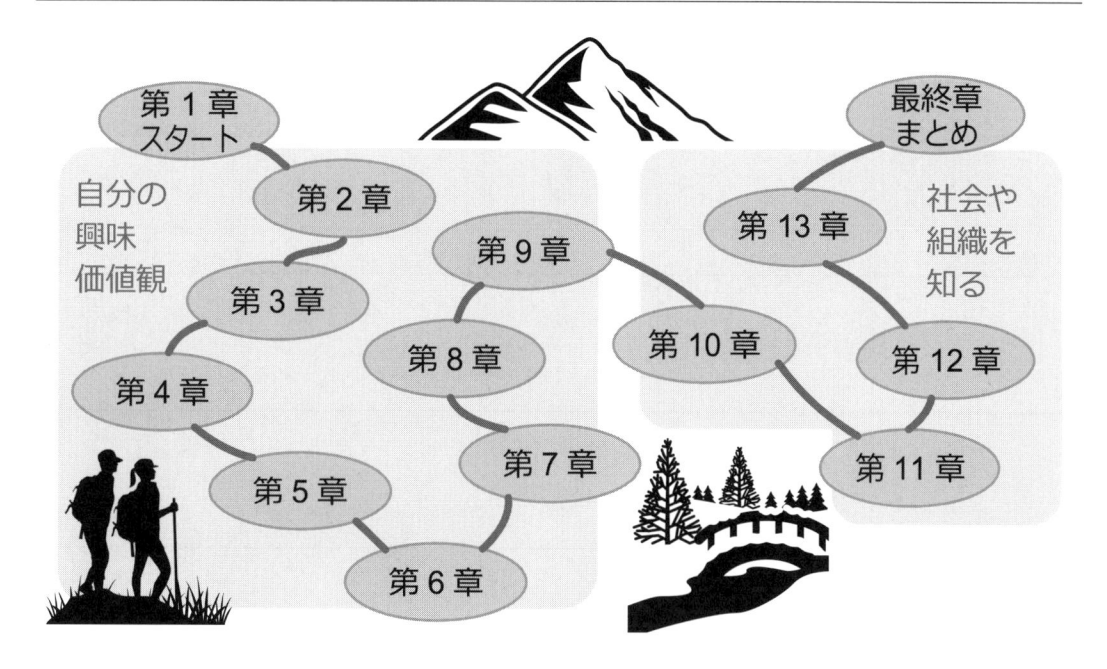

人生の主人公のキャラクター

　人生の主人公であり，本書で旅をする主人公はあなた自身です。しかし，ここでは少し遊び心を加えてあなたの化身（キャラクター）を作ってみましょう。そこで，アメリカのキャリア心理学者サビカス（Savickas, M. L., 2006）[1] が提唱するキャリア構築理論を応用して主人公のキャラクターを作っていきます。次の質問に答えてください。

Q1. あなたが幼い頃（3歳〜6歳）に憧れた人物は誰ですか？　3人挙げてください。架空の人物や歴史上の人物でもかまいません。ただし，肉親や養育者を除きます。

Q2. あなたは，その人達のどんなところに憧れたのでしょうか？　その特徴を挙げてください。

　思い出すのに時間がかかるかもしれませんが，ここはじっくり時間をかけて思い出してみてください。3歳〜6歳が難しければ，少し年齢を上げても構いません。3名が難しければ2名でも構いません。

👥 ペアワーク1：憧れの人物

　上記をペアになって質問し合って実施してみましょう。まずは個人ワークでQ1とQ2を回答欄（表0.1）に記入しましょう。

　次に，ペアになって，インタビュアーはQ1を質問し相手に人物を1人だけ挙げてもらいます。次に，Q2を質問し，憧れの特徴を答えてもらいます。同じように2人目，3人目をインタビューしていきます。3人目まで行ったら，役割交代をして同じように行っていきます。

　最後に，質問された人は，自分の回答を振り返って，回答を修正してください。語ってみるとまた違った答えをしていることもあります。話してみてより実感のある方を回答欄に残しましょう。

表 0.1　憧れの人物回答欄

憧れた人物	憧れた人の特徴

解説

　この問いで重要なのは，「憧れた人の特徴」です。キャリア構築理論では，この 3 人の特徴を併せ持ったキャラクターが，あなたが人生で求めているロールモデル（理想像）を意味するとしています。では，この 3 つの特徴を合体した人物像をあらためて言葉にしてみましょう。そして，キャラクターに名前をつけ，その姿も描いてみましょう。

表 0.2　キャラクター像

キャラクター名	
キャラクターの姿（イラストを描く，パソコンで書いて貼りつけてもよい）	合体した人物像（言葉で記入）

　キャラクターの姿は，自分自身で描いてもいいですし，コラージュのように写真や映像を切り貼りしても結構です。やり方は自由です。その横に，上記の3人の特徴を合体したキャラクターの人物像を記述しましょう。自分の理想像をより明確にするために，上記で回答した以上の特徴を追加したりアレンジしたりしても構いません。

主人公のスペック

　このキャラクターは残念ながら生まれたばかりで，そのスペックは未知です。これから，本書を使ってそのスペックを明らかにしていきます。まずはどんなスペック項目があるかを紹介します。

自己理解ポイント

　自己理解の程度を表すポイントです。自己理解は，単に自己理解テストを受けた結果を知っているという知的な理解だけではなく，そこに納得感やしっくり感が伴った実感が必要です。本書では自己理解を3つの下位項目で構成しています。

- Will（意思）ポイント：自分が人生や職業を通じて求めているニーズの自覚の程度
- Value（価値観）ポイント：自分が人生や職業において大事にしている価値観，主義の自覚の程度
- Can（能力）ポイント：自分が保有している知識・能力・スキルについての自覚の程度

環境理解ポイント

　自分を取り巻く世界についての理解度を表すポイントです。社会やその変化に対して関心を持ち，自分事として捉えていくことが重要になります。本書では，環境理解を以下の2つの下位項目で構成しています。

- Social ポイント：社会の動向や変化と，それが自分にとってどのような影響があるかについての理解度
- Must ポイント：社会や組織，職業から求められる役割期待についての自覚の程度

キャリア設計ポイント

　キャリア設計の完成度を表すポイントです。自己理解と環境理解と関連づいていることが重要です。本書では3つの下位項目で構成しています。

- Vision ポイント：将来像についての具体性や納得度。単に将来像を描けているということよりも，自己理解と環境理解と整合していることが重要
- Planning ポイント：ビジョンの実現につながっている行動計画の完成度
- Troubleshooting ポイント：ビジョンの実現やプラン実行の障害になるものへの対策の適切さ。安心感や何とかなる感

　これらのスペックは，本書を通じて明らかになっていきます。最終章でスペックをまとめます。

本書全体を通じての成長

　本書の最終章に到達したときに，あなたはどのように成長しているでしょうか？ それを実感するために，この章と最終章で同じ質問に答えてみましょう。最終章に来たときに，ここで回答した点数と比較すれば，自分がどの程度変化したかを知ることができます。

　ここでは，キャリアに対する準備状態（キャリアレディネス）についての短縮版の尺度（坂柳, 2019）を実施します。

Q. 現在のあなたは以下の項目がどの程度当てはまりますか？ 7段階で答えてください。すべてに回答したら，合計欄に合計得点を記入しておきましょう。

表0.3 キャリアレディネス
（坂柳 (2019) をもとに筆者が作成）[2]

7 非常に当てはまる，6 かなり当てはまる，5 やや当てはまる，4 どちらとも言えない，
3 あまり当てはまらない，2 ほとんど当てはまらない，1 全く当てはまらない

No	質問項目	段階
1	これからの職業生活や働き方について，とても興味を持っている。	
2	これからの職業生活は，自分の力で切り開いていこうと思う。	
3	希望する働き方をするための具体的な計画を立てている。	
4	職業生活を充実させるために，より多くの情報に接するようにしている。	
5	職業生活をどう過ごすかは，他の人から言われなくても考えている。	
6	将来どのような職業人になりたいのか，自分なりの目標を持っている。	
7	これからの働き方は自分にとって重要な問題なので，本気で考えている。	
8	職業生活を充実させるためには，多くのことに進んでチャレンジしようと思う。	
9	充実した職業生活を送るために，計画的に取り組んでいることがある。	
	合計	

● 引用文献・参考文献 ●

[1] マーク・L・サビカス, 水野修次郎（監訳・著），加藤聡恵（訳）(2016). サビカスライフデザイン・カウンセリング・マニュアル：キャリア・カウンセリング理論と実践. 遠見書房.

[2] 坂柳恒夫 (2019). 高校生・大学生のキャリア成熟に関する研究 —キャリアレディネス尺度短縮版 (CRS-S) の信頼性と妥当性の検討—. 愛知教育大学研究報告. 教育科学編, 68, pp.133–146.

ようこそキャリアの世界へ！
―自分らしい納得のいく "仕事を中心とした人生" に―

　「キャリア」とはどういう意味でしょうか。職業，仕事，というイメージを持つ人が多いと思います。「キャリア」とは，厚生労働省（2002）[1] によると「関連した職務の連鎖」です。私たちを取り巻く環境が大きく変化し，「予測のつかない不透明な時代」のなかで，私たちは，「一回限りの職業人生を，他人まかせ，組織まかせにして，大過なく過ごせる状況ではなくなってきた（厚生労働省，2002）[1]」と指摘されています。「大過なく」つまり，「大きな失敗なく」過ごすためには，「自分の職業人生を，どう構想し実行していくか，また，現在の変化にどう対応すべきか，各人自ら答えを出さなければならない状況となってきている（厚生労働省，2002）[1]」としています。そうしたなかで，私たちが，「自分らしい納得のいく "仕事を中心とした人生"」を送るためには，具体的に何をどうしたらよいのでしょうか。この章では，「自分らしい納得のいく "仕事を中心とした人生"」を送るために，「キャリア」に焦点をあて，キャリア形成の考え方を学んでいきます。

1.1　はじめに

　日本には，17,000 の職種，368 万 4049 社の企業があるといわれています（総務省，2021）[2]。これだけの膨大な数の企業のなかから，自分に合った企業を見つけていくのは，なかなか大変そうです。実際に就職活動を終えた先輩たちは何を基準に仕事選び，企業選びをしているのでしょうか。「どのような組織でどのように働きたいか」といった考え方のことを「就職観」といいます。就職活動を終えた大学生に対する就職意識調査では，「就職観」の上位 3 項目は，ここ十数年変わらず，「楽しく働きたい」「個人の生活と仕事を両立させたい」「人のためになる仕事をしたい」です（マイナビ，2022）[3]。ところが，人によっては，「楽しく働きたい」より「人より稼ぎたい」が大切かもしれません。「人のために仕事をしたい」は，医者や教員のように，直接人と関わって仕事をしたい人もいれば，見えないところから間接的に人々を支えたいという人もいたりと，同じ「人のために」であっても色々なかかわり方があります。あるいは，「自分の考える "人のため" とはどういうことだろうか」と考える必要があるかもしれません。このように，仕事選びをする上では，単に就職観を考えるだけではなく，自分にとって何が大事なのか，それはどうしてか，具体的には，と自分自身の考えを細かく理解していくことが大事になります。こうした自分についての理解を深めていくことを，「自己理解」といい，具体的な要素として，自己の役割の理解，前向きに考える力，自己の動機づけ，忍耐力，ストレスマネジメント，主体的行動などが挙げられます（文部科学省，2011）[4]。

1.2　「働く」って何だろう？

次の文を読んでみましょう。

> お寿司屋さんに行ったときのことです。たまたまカウンターに座った私は，カウンターの
> なかで熱心に作業をしている寿司職人さん達の様子を見て，思わず「何をしているのです
> か？」と尋ねました。
> 1 人目「何って，生活のために働いているんだよ」
> 2 人目「どうしたら，もっと上手く魚をさばけるか，色々工夫をしているんだ」
> 3 人目「私は，ただ寿司を握るだけでなく，美味しい寿司をお出しして，皆さんに笑顔に
> なってもらいたいんだ」

> ### 👥 グループワーク
>
> 　この話を読んで，「どう感じたか」「自分なら，どういう人生を送りたいか」「どういう働き
> 方をしたいか」を意見交換してみましょう。聴き手の皆さんは，テキスト p.14 の「グルー
> プワークで，自己理解をより深める（促し）のためのヒント」を参考に，話し手の自己理解
> を深める質問をしていきましょう。

　1 人目は，「生活のため」，つまり，「手段」として仕事をやっているといえます。2 人目は仕事へ
のプライドやこだわりを持って，仕事に向き合っている様子がうかがえます。3 人目は，「皆さんに
笑顔になってもらいたい」ためと，使命感を持って仕事をしているようです。この話の原文は，経
営学者である P.F. ドラッカーが「組織のなかで人が果たすべき貢献」を説くための例として紹介
していますが，キャリア関連の場では，それぞれを，1 人目「作業」，2 人目「士業」，3 人目「使
命」として捉えて紹介されることが多いです。正解があるものではありませんが，人それぞれ違っ
ていてよいものの，**単なる「作業」として働くのではなく，使命感や働く意味，働きがいを持って
取り組む方が，自分も周りもうれしい**といえるのではないでしょうか。

1.3　キャリアとは，キャリアデザインとは

　キャリアについてもう少し説明すると，文部科学省（2011）[5] では，「人が，生涯の中で様々な
役割を果たす過程で，自らの役割の価値や自分と役割との関係を見出していく連なりや積み重ね」
と定義しています。木村（2017）[6] が，キャリアの中心となるものには，「個人にふさわしい人間
的成長や自己実現が含まれている」と述べているように，**キャリアとは，仕事，職業といった呼び
方に留まらず，「自分自身の価値や，人との関係を見出していく」「成長や自己実現を含む」**もので
あることを理解した上で，より自分らしく，納得のいくものにしていくためには，自ら「自分ごと」
として捉え，主体的に取り組んでいく必要があるといえます。厚生労働省の報告書（2002）[1] にも
示されているように，変化が大きい社会で，「時代への対応や新たな付加価値を生み出すためにも，
自らのキャリアを考え，能力を磨き，積極的に仕事に関わることが必要である」ことや，「豊かな

長寿社会に向け，職業は，単に生活の糧を得るための手段だけではなく，自己実現を図るための手段という性格が強くなってきている」からです。また，同報告書には，失業者の多数発生の最大要因の1つは，「職業能力のミスマッチ」としているため，キャリアを考える上で，「仕事とのマッチング」も考える必要はあります。こうした自らのキャリアを考え，仕事を中心とした人生をどのように生きていこうか，検討し，準備・計画立てていくことをキャリアデザインといいます。

👤 個人ワーク1

　フルマラソンを走ったことがある人はそう多くはないと思いますが，テレビなどで見たことはあると思います。42.195キロのフルマラソンをもし走るとしたら，どういったことが必要になりそうですか。どういったことが課題になりそうで，そのために，どんな準備が必要か，周りの人と相談しながら，いくつか書き出してみましょう。

フルマラソンを走る上で，必要になりそうなこと

1.4　キャリアデザインは〇〇〇〇に似ている？

　いかがでしょうか。まずは，「42.195キロを自分は走れるだろうか？」という疑問が浮かぶと思います。「自分の体力で大丈夫だろうか」「走った経験がないので，不安だ」といった自分自身の体力や経験を不安に思う人が多かったのではないでしょうか。これはキャリアデザインでいうところの「自己理解」の部分です。次に，走るルートを下見するという人もいると思います。「ずっと上り坂が続く」とか，「周りに風をさえぎるものがないため，向かい風がきつい」といったものです。これは，「仕事理解」です。さらには，「5キロ地点で，給水をする」「上り坂の前までは，体力を温

存する」といった「自分が走り切るための計画」を立てる人も多いと思いますが，これが「キャリアデザイン」です。「キャリアデザインをする」というと，途端に難しいような気がしますが，そうではありません。**「自分らしい仕事を中心とした人生」を自分らしく，納得いくものにするために必要なものは，自分のことをよく理解【自己理解】し，走るところを確認【仕事理解】し，どう走るのが1番自分に合っているかを考えて計画【キャリアデザイン】していくことです。**

つまり，先ほど個人ワークで書き出した「フルマラソンを走る上で，必要になりそうなこと」は，「自分らしい仕事を中心とした人生を自分らしく，納得のいくものにするために必要なこと」です。自分のキャリアについて，悩んだり，不安に感じたときには，先ほどの個人ワークで書いた「フルマラソンを走る上で必要になりそうなこと」と同じように，「今の自分の体力はどうだろうか」「状況はどうだろうか」「どうしたいのか」と考えてみることで，何が課題で，どうしたらよいのかを整理してみましょう。

1.5　キャリアデザインの最初のステップ：自己理解とは

自己理解とは，自分の強みや弱み，自分の考え方や行動の傾向，それらを支える自分の価値観を知ることです。他人のことではなく，自分のことを知る，というのは，当たり前すぎるのではと思う人もいるのではないでしょうか。自己理解とは，「自分にとっての当たり前」を知ること，自分では「強み」とさえ気づいていない「潜在的な能力・強み」に気づくことです。実に多くの人が，多くの強みを持っているにもかかわらず，自分にとっては，当たり前のため，能力や強みとして自覚していません。具体的には，長所・短所，他者からの評価，集団での役割，困難の乗り越え方，常に意識していること，変わらないこと…などに加え，なぜそうした言動をとるのか，その背景にある価値観や，具体的な言動といったエピソードまでをも含めて理解していきましょう。

1.6　自己理解を深められると，自信につながる

自己理解を深めていくと，どんなメリットがあるのでしょうか。長所を知ることで，自信につながるだけでなく，短所を自覚することで，成長のきっかけになります。他者からの評価も自己理解には必要です。知らない自分のよさに気づくことができます。集団での役割を意識することや，他社との価値観を理解することで，仕事がやりやすくなります。困難の乗り越え方を理解することで，「以前もこうやって乗り越えてきた」と自信を持って新しいことにも挑戦できるようになります。常に意識していることや変わらないことは「自分らしさ」という唯一無二の自分の軸になっていくなど，様々なメリットがあります。また，自身の言動の根底にある価値観を自覚することで，自身の「強さ」に気づいたり，エビデンスがあることで，具体的にアピールすることができるようになります。

就職活動の選考では，「あなたの長所は何ですか」という質問や，「なぜそうしたのか」「具体的なエピソードを教えてください」といった深掘り質問をされることが多いです。企業側に自分自身をアピールしていく上では，自己理解が浅い人・深い人では，どちらがより説得力のあるアピールができるでしょうか。自己理解が浅い人は，表面的な回答しかできず，よさが伝わりません。「今

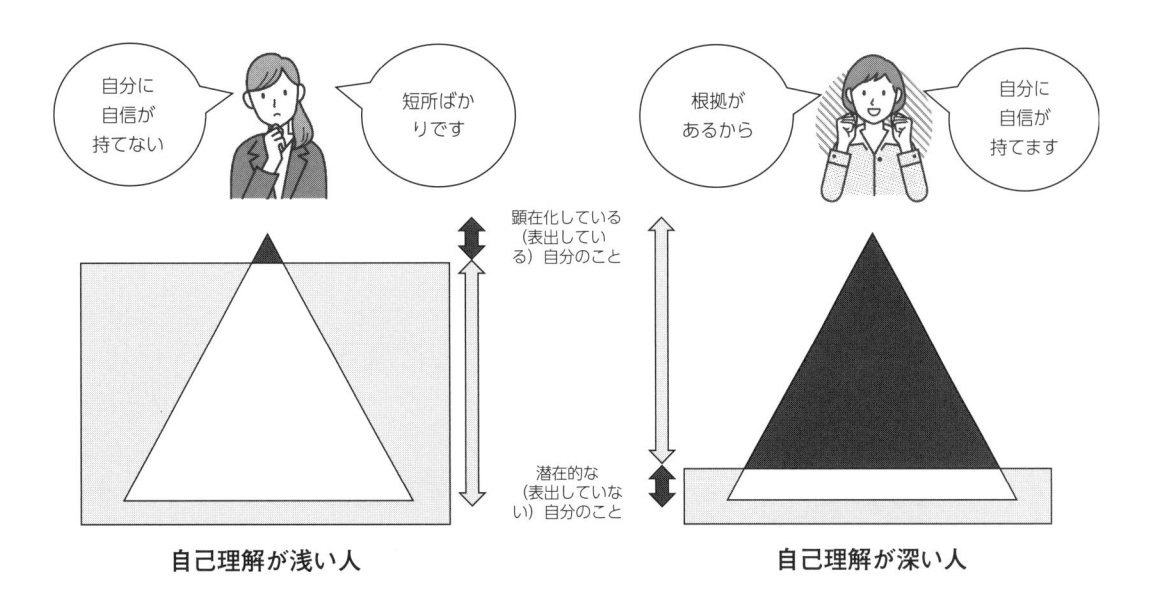

の回答でよかったのか」と面接官の顔色をうかがいながら，次に何を質問されるのか，常に緊張状態になってしまうかもしれません。一方で，自己理解が深い人は，面接官の質問に対して，根拠やエピソードを交えて，自分らしさを伝えることができます。面接官にとっても，自社に馴染めそうか，活躍できそうか，といった入社後の姿が理解しやすいだけでなく，皆さんにとっても，不必要に緊張したり，「何を質問されるのか」と不安になることなく，自己アピールができるため，面接官とのコミュニケーションにも自信を持って臨むことができます。このテキストを通して，様々な側面から自己理解を深めることで，自信や成長につなげていきましょう。

1.7　あなたは「川下り型」「山登り型」？

　キャリアの考え方として，「川下り型」「山登り型」があります。「川下り型」は，川の流れに身を任せていくキャリアです。目標設定がないことが多く，その場面，場面でキャリアが作られていきます。予想していなかった出逢いなどからキャリアの可能性の幅が広がることがメリットです。一方で，目標が見つかるまで，遠回りの可能性や，モチベーションがコントロールできないというデメリットがあるとされています。「山登り型」は，目標（登る山）が決まっているため，それに向かって，準備を重ねて挑戦していくキャリアです。メリットは，着実に達成に近づく可能性の高さやモチベーションが保ちやすいことです。しかし，目標が明確に決まっているため，設定した目標以外にはなかなか目もくれず，結果として選択肢を狭めてしまう可能性もあるとされています。さて，あなたはどちらでしょうか。これまでの自身を振り返って，考えてみましょう。

川下り型：「こうなりたい」がまだない人

　「川下り型」は，様々な変化をも楽しめる柔軟性の高い自由人です。一方で，漫然と学生生活を過ごしてしまうと，気がついたら卒業だったということもあります。流されるだけではなく，常に

情報収集をしておくことや，興味関心を持ったことなどから色々なことに挑戦することで，可能性を広げていきましょう。また，「こうなりたい」が見つかったら，山登り型にシフトしていきましょう。

山登り型：「こうあるべき」「こうなりたい」が明確な人

　どんな難しい目標であっても，諦めずに努力を積み重ねて突き進むのが「山登り型」です。しかし，早期からその目標が定まっていると，「～したい」が途中から「～しなくてはならない」に変わってしまい，目標達成のための手段やその過程自体が，主な目的になってしまうこともあります。「もしかすると自分の目指しているものは違うかもしれない」「自分にはもっと合っているものがあるかもしれない」と思ったとしても，その思いを打ち消して，がむしゃらに努力を続けてしまうといったものです。そのため，どの時点かで1度立ち止まって，「自分らしい納得のいく仕事を中心とした人生とはなんだろう」と考えた上で，目標の確認や再設定をしていきましょう。常に，「こうあるべき」の外側にも目を向け，多く学び・経験することで視野を広げることで，より納得のいく充実した人生になっていきます。

iStock.com/FORGEM

iStock.com/John Alberton

1.8　自分らしい人生を逆算してみよう

　自分らしい人生を送るためには，具体的に考えていくことが大事です。「キャリア」を学び始めた今の時点で，一旦立ち止まって，「自分らしいとは」「自分らしい人生とは」を考えて，言語化してみましょう。このテキストを終え，自己理解が深まった時点で，このページに戻ってみることで，自身の成長を感じることでしょう。

👤 **個人ワーク2**

　次の設問をそれぞれ考えてみましょう。できるだけ「具体的に」書くことを意識してみてください。

記入日： 年 月 日

1. そもそも「自分らしい」とは？

2. 「自分らしい」人生とは，具体的には？ いつまでに？

3. 何を，どうすれば，「自分らしい人生」になるのか？

4. そのために，大学生活，大学院生活をどう過ごすのか？

5. （設問 2〜4 について）現実に達成できそうか？ 何が課題になりそうか？

👥 グループワーク

　周りの人と，個人ワーク2を意見交換してみましょう。最初に自己紹介を簡単にしてから，順番に個人ワーク2を紹介してください。発表者の自己理解を深めるためには，周りの聴き手の皆さんが，興味関心を持って質問（俗にいう "ツッコミ"）をすることが何よりも大切です。質問をされることで，話し手が自分について話をするのを促したり，自己探求することを助けることができます（福原，2007）[7]。私たちはどうしても，上手く話そうとして，表面的な発表にしてしまいがちです。この後の「グループワークで，自己理解をより深める（促し）のためのヒント」を参考に，話し手が「なぜ，そうしたのだろうか？」と自己探求できるように，興味関心を持って，質問をしてみてください。

グループワークで，自己理解をより深める（促し）のためのヒント

自己理解を深めるには，1人で頭のなかで考えるより，書き出してみたり，話してみたりといったアウトプットが効果的です。なかでも，「他者に聴いてもらう」ことで，グッと深まります。しかし，ただ話すだけ，聴くだけでは，表面的な自己理解にとどまってしまいます。**ポイントは，話し手にとっては，「単なる報告」にしないこと，その結果に至るまでの，目標，取り組み（プロセス），想いなども思い出してみることです。聴き手にとっては，話し手の考えを尊重しつつ，興味関心を持って聴くことです。**「この人は，なぜ，〜したのだろう？」と，相手を深く知ろうとすることが重要になってきます。聴き手の人は，以下をもとに，興味関心を持って，聴いてみましょう。

● カウンセラーの聴き方「ロジャーズ3原則」

　　1.「共感的理解」：× 同感「わかる，わかる」　〇共感「〜と思っているんだね」

　　2.「無条件の肯定的尊重」：相手を否定しない。

　　3.「自己一致」：わからないことは，素直に「もう少し教えて」。

● 基本的傾聴技法

　　− 表情や姿勢に気をつける。「どうぞ話してください。聴いていますよ」が伝わるように。

　　− 話をするのを励ます。「うんうん，それで？」，大きくうなずく。

　　− 要約。「〜ということなのかな」

　　− 感情の反映。「つらかったね」

● 聴くためのヒント「結果より目標・想い・プロセスを聴く」

　　− キッカケは？　例「サッカーをやるようになったキッカケは？」

　　− どうして（なぜ）〜なのか？　例「どうしてサッカーをやめてしまったのか」

　　− 1番の思い出は？

　　− 1番つらかったことは？　なぜ乗り越えられたのか？

（福原（2007）をもとに筆者が作成）[7]

● コラム 1　「自分だけのものの見方」を手に入れよう

　皆さんは、「アート思考」という言葉を聞いたことがありますか。アート思考とは、「自分の内側にある興味をもとに自分のものの見方で世界を捉え、自分なりの探求をし続けること（末永、2020）[9]」です。末永は著書で、クロード・モネの代表作「睡蓮」の絵を例に挙げて、「絵を見ていた時間」と「解説文を見ていた時間」のどちらが長かったか、また、その絵のなかに存在しないカエルを発見できたか、といった問いを通して、作品名や解説文などの情報に頼って正解を見つけるのではなく、「自分だけのものの見方」で想像力豊かに作品を捉え、「自分なりの答え」を手に入れる必要性を述べています。しかし、私たちの多くは、情報に頼って正解を見つける癖がついてきています。そんなときには、末永は「アウトプット」することを提唱しています。「作品を見て、気がついたことや感じたことを声に出したり、紙に書き出したりして『アウトプット』すればいい（末永、2020）[9]」のです。正解を言う必要はなく、言葉を飲み込まずに自身の気づいたことや感じたことを声に出したり、紙に書きだしたりするというものです。誰かと一緒に「アウトプット」することで、自分だけでは気づかなかったようなことまで考えるきっかけになります。

　ベストセラーになった『スタンフォード式人生デザイン講座』に次のような言葉があります。「あなたの人生のデザインは一通りではないし、その 1 つひとつに、人生に生きがいを与えるような希望が詰まっている。人生はモノではなく、体験だ。その体験を自分でデザインして楽しむこと−それこそが生きる楽しみだといえる（『スタンフォード式人生デザイン講座』p.39 より引用）[10]」。読んでいるだけで、なんだかワクワクしませんか？『スタンフォード式人生デザイン講座』では、ライフデザインを行うための「デザイン思考」の方法やそのためのマインドセットを紹介していますが、ここで皆さんにお伝えしたいのは、このワクワクするような「人生のデザイン」をしていく上では、アート思考における「自分だけのものの見方」や「自分なりの答え」を手に入れていくことで、より想像力豊かな「自分にとって理想の人生」を考えられるのではないかということです。

　本書では、個人ワークで自己理解を深めるワークを行った後に、グループワークでアウトプットしていく構成となっています。様々な価値観に触れ、相互作用的に新たな気づきを得て、皆さん理想の人生を描いてみてください。

● 引用文献・参考文献 ●

[1] 厚生労働省職業能力開発局 (2002).「キャリア形成を支援する労働市場政策研究会」報告書.

[2] 総務省 (2021). 令和 3 年経済センサス - 活動調査.

[3] マイナビ (2022). 2023 年卒大学生就職意識調査.

[4] 文部科学省 (2011). 中央教育審議会答申「今後の学校におけるキャリア教育・職業教育の在り方について」.

[5] 文部科学省 (2011). 高等学校キャリア教育の手引き，第 1 章キャリア教育とは.

[6] 木村周 (2017). キャリアとは心理学の観点から. 日本労働研究雑誌, No. 681.

[7] 福原眞知子 (2007). マイクロカウンセリング技法 ―事例場面から学ぶ―. 風間書房.

[8] 総務省 (2021). 労働力調査.

[9] 末永幸歩 (2020). 13 歳からのアート思考. ダイヤモンド社.

[10] ビル・バーネット&デイヴ・エヴァンス, 千葉敏夫訳 (2019). スタンフォード式人生デザイン講座. 早川書房.

[11] P.F. ドラッカー, 上田惇生（編・訳）(2001).【エッセンシャル版】マネジメント：基本と原則. ダイヤモンド社.

[12] 上田惇生（監修）, 佐藤等（編・著）(2010). 実践するドラッカー【思考編】. ダイヤモンド社.

個性はどう作られる？ その1
― 「私は誰？」から自分を知る ―

> 個性とは，広辞苑によると「①（individuality）個人に具（そな）わり，他の人とはちがう，その個人にしかない性格・性質。②個物または個体に特有な特徴あるいは性格」です。英語では individuality（個性，個人的人格，個人的特徴）の他には，personality（性格や気質），character（特有性，特徴，気質，性格）と様々な表現があります。つまり，個性とは，他の人や物とは違う特徴的・特有の性質や性格などの「自分らしさ」のことです。この章では，「自分らしさ」がどう形成されてきたのかを，「私は誰？」の視点から探っていきましょう。

2.1　20答法で本当の自分を知ろう

アメリカの心理学者 Kuhn と McPartland が開発した「20答法（Twenty Statements Test ＝ T.S.T. / Who am I？）」は，日本語に訳すると「私は誰？ テスト」です。「私は」から始まる文章を書くことで，自分について知るテストです。

> ### 個人ワーク1：20答法ワークシート
> ここでは，「私は」と「過去の私は」を比較することで，「変わらないこと」「変わったこと」の視点も含めた自己理解を進めていきます。まずは，「私は」ワークシートを記入した後に，「過去の私は」ワークシートを埋めてみましょう。

インストラクション

- 「私は」に続く文章を，思いつくままに記入してください。制限時間は5分間です。
- 次に「過去の私は」に続く文章を，書いてみましょう。制限時間は5分間です。

回答上の留意点1：あまり考えすぎず，頭に浮かんだものをどんどん書いてみましょう。例えば，「私は，大学生だ」「私は男だ」といった外見的なことの他，「私は，サッカーが好きだ」「私は今，機嫌が悪い」といった内面的なことなど，幅広い視点から思い出してみましょう。

私は（20答法）ワークシート

1　私は,　です。

2　私は,　です。

3　私は,　です。

4　私は,　です。

5　私は,　です。

6　私は,　です。

7　私は,　です。

8　私は,　です。

9　私は,　です。

10　私は,　です。

11　私は,　です。

12　私は,　です。

13　私は,　です。

14　私は,　です。

15　私は,　です。

16　私は,　です。

17　私は,　です。

18　私は,　です。

19　私は,　です。

20　私は,　です。

過去の私は（20 答法）ワークシート

1　過去の私は, _____ です。

2　過去の私は, _____ です。

3　過去の私は, _____ です。

4　過去の私は, _____ です。

5　過去の私は, _____ です。

6　過去の私は, _____ です。

7　過去の私は, _____ です。

8　過去の私は, _____ です。

9　過去の私は, _____ です。

10　過去の私は, _____ です。

11　過去の私は, _____ です。

12　過去の私は, _____ です。

13　過去の私は, _____ です。

14　過去の私は, _____ です。

15　過去の私は, _____ です。

16　過去の私は, _____ です。

17　過去の私は, _____ です。

18　過去の私は, _____ です。

19　過去の私は, _____ です。

20　過去の私は, _____ です。

👤 **個人ワーク 2：「変わったこと」「変わらないこと」ワークシート**

　個人ワーク 1「私は」「過去の私は」を書いてみていかがでしたか。さらに自己理解を深めるために，現在の私と，過去の私を比較してみましょう。

インストラクション

- 個人ワーク 1 で書いた「私は」「過去の私は」ワークシートを概観しながら，「変わったこと」と「変わらないこと」を書いてみましょう。
- まとまった文章ではなく，箇条書きでも構いません。
- 「私は」「過去の私は」に書いていないことも，思い出したことは書いていきましょう。

変わったこと・変わらないことワークシート

変わったこと	変わらないこと

👥 グループワーク

　グループに分かれて，「変わったこと」「変わらないこと」を共有しましょう。時間は1人5分です。話し手は，「書いてみて，見えてきた自分」なども伝えてみましょう。また，話しているなかで，気づいたことも伝えてみましょう。聴き手は，聴いているなかで，「なぜ，そうしたのか」など，発表者の話の内容に，興味関心を持って，「とことん聞く」ことを意識してください。聴く際のポイントは，第1章のコラム「グループワークで，自己理解をより深める（促し）のためのヒント」を参考にしてみましょう。

👤 個人ワーク3：自己紹介シート作成（制限時間：5分）

　これまでのワークを踏まえ，「自己紹介」を書いてみましょう。「もともとは引っ込み思案だったが，飲食店のアルバイトに挑戦している。そこで意識していることは…」というように，過去の私と現在の私を比較して，変わったところや，ずっと変わらないところに焦点を当てて書いてみましょう。

自己紹介シート

👥 グループワーク（プレゼンテーション：1人2分）

　「自己紹介」を発表してみましょう。また，本日のワークやこれまでの授業を通して，新しい気づきがあったら，それも発表してください。（例）「○○さんから努力家と言われたことは自分でも思いがけなかった」「他者分析で言われたときも自分では意外だったけど…」など

2.2　まとめ

　20 答法は，心理学の技法です。この章では，自己と向き合いつつ，グループワークで自己理解を深めました。文字に起こす，グループで話すといったアウトプットを行うことで，忘れていた「自分らしさ」に気づいた人もいたのではないでしょうか。一方で，20 答法もスラスラ書けた，自分は自己理解が進んでいる，という人もいるかもしれません。書けた人も書けなかった人も，クリティカルシンキング「なぜ？」の視点で深掘りしてみること，自分だけではなく他者から問いかけてもらうことで，自己理解を深めていきましょう。

● コラム 2　書き出した順序からも自己理解がススム

　20 答法の回答では，「内面的な情報がいつ出てきたか」といったタイミングも大事になってきます。内面的な情報が早い段階で出てくる人は，自己理解が深まっていて，精神的に成熟している傾向にあるといわれています。一方で，なかなか内面的な情報が出てこない人は，精神的に幼い面がある人，あるいは自身を抑圧している，いわば「素直じゃない」人であるとされています。

　なお，一般的には，

回答 1〜5	事実・プロフィールなど個人の特性
回答 6〜14	意識化されている欲求や願望，生育歴，セルフイメージ
回答 15〜20	無意識的な欲求や抑圧された悩み

という傾向があるそうです。皆さんはどうでしたか？

　また，回答のなかに，「改善したい欠点」がある場合には，「どうしたいのか」を考えて，自分の成長のきっかけにしましょう。

● コラム 3　グループワークで，発言を躊躇してしまう方へ

　他者の意見を聞く際に，ついつい「みんなに話を合わせた方がよいかな」「私の意見は変わっているのでは」と気になって，発言を躊躇してしまう人もいるかもしれません。内藤（2022）[4] は，「『気にしすぎ』の人は，言い方を換えれば，注意深い人なのであり，慎重な人なのであり，危険を未然に避けられる人でもある」と述べる一方で，「人に好かれたい，評価されたいと思うと，私たちは言いたいことも言えなくなってしまいます」とも述べています。大切なのは，意見を「言いにくいから言わない」のではなく，「私ってそういうところがある」と受けとめた上で，自分が思ったことをまずは表出してみることです。その際には，正解を言う必要はありません。「私はこう考える。なぜそう考えるかというと，〜といった経験があるから」と「そこまでのプロセスも一緒に伝えていく」ことを意識すると，発言しやすいだけでなく，周りからの理解につながりやすいです。

　また，こうした「気になってしまう人」を，HSP と表現することがあります。HSP とは，Highly Sensitive Person（とても敏感な人）の略です。武田（2018）[5] によると，HSP の人は，「相手を優先し，自分は後回しにする」のは，「相手のちょっとした仕草や言葉のニュアンス，声のトーンなどをキャッチし，相手が何を望んでいるのか，どうしたいのかを察知」すると分析しています。また「空気を読みすぎて，意見が言えない」ことも，相手の求める「正解」を答えようとする余り，答えられなくなる傾向にもあるようです。「気にしすぎ」「意見が言えない」というと，とかくマイナスなイメージがありますが，実は，「共感力が高く，気配りができる人」です。このテキストを終えるときには，言葉を飲み込まず発言・発表をし，多様な価値観のなかでの「自分らしさ」を見つけていきながら，自信につなげていただきたいです。

● 引用文献・参考文献 ●

[1] 新村出（編）(2018). 広辞苑第七版. 岩波書店.

[2] 竹林滋（編集代表）(2002). 新英和大辞典. 研究社.

[3] Manford H. Kuhn, Thomas S. McPartland (1954). "An Empirical Investigation of Self-Attitudes," American Sociological Review, Vol.19, No.1, pp.68–76.

[4] 内藤誼人 (2022). よけいな気疲れが消えていく 61 のヒント　気にしない習慣. 明日香出版社.

[5] 武田友紀 (2018).「気がつきすぎて疲れる」が驚くほどなくなる「繊細さん」の本. 飛鳥新社.

個性はどう作られる？　その2

─ 経験から自分を知る ─

アインシュタインは，「人生とは自転車のようなものだ。倒れないようにするには走らなければならない」と述べています。英国の哲学者，神学者，法学者であったフランシス・ベーコンも「人生は道路のようなものだ。1番の近道は，たいてい1番悪い道だ」という言葉を残しています。皆さんにとって，これまでの人生はどんなものだったでしょうか。自己理解を深める方法はいくつかありますが，この章では，過去の経験を客観視することで，自己理解を深めていきます。これまで皆さんが生きてきた人生を振り返り，それをどう捉えているかの視点も加えて，自分を知っていきましょう。

3.1　これまでの人生を可視化するライフラインチャート

ライフラインチャートとは，自分がこれまで生きてきた道筋を，自分が感じた満足度や幸福感を1本の線で表現したものです。縦軸に満足度・幸福度，横軸に時間や年齢を設定し，これまでの人生を振り返って，満足度・幸福度を曲線で描いていきます。曲線の山や谷は，主観的な「自分のものさし」で，どれだけ満足したかを表します。これまでの人生を可視化し，分析する自己分析法の1つです。

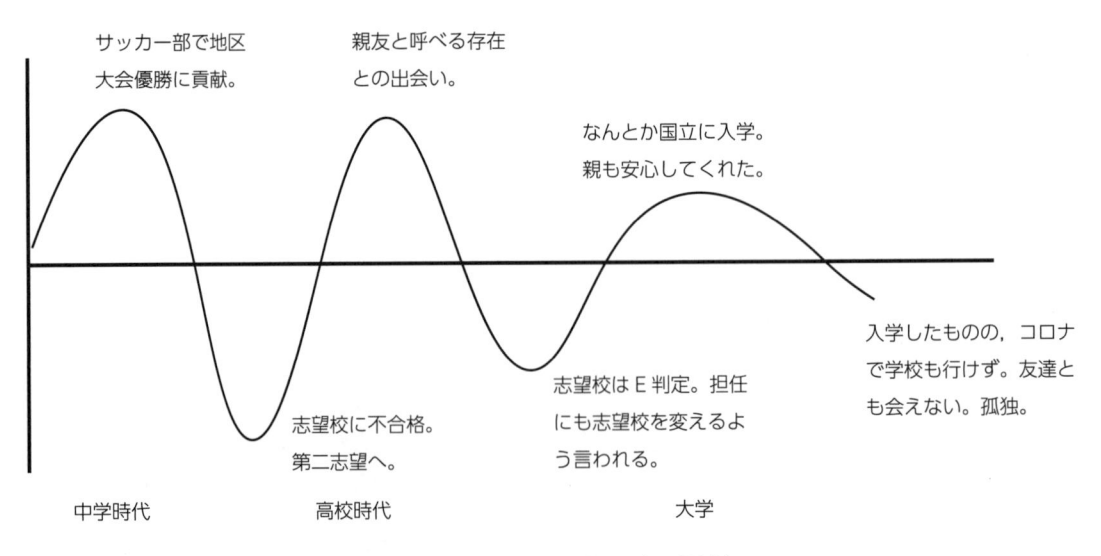

図 3.1　ライフラインチャート（見本）

👤 個人ワーク1：まずは事前準備。「自己の棚卸し」シートの作成

　ライフラインチャートを作成する前に，「自己の棚卸し」をしましょう。幼少期から現在まで，どんなことが起こっていたのか，自分にとって大切なできごとや転機となったできごと，影響を受けた人や本などを思い出すままに，シートに書き出してみましょう。印象に残っているキーワードだけでも構いません。まずは書きやすいところから自由に書いてみましょう。なかなか書けない人は，当時流行っていた歌や大きな社会的できごとなども欄外などに書き入れて，そのとき，自分はどうだったのか，と振り返ってみると，思い出しやすいかもしれません。

👤 個人ワーク2：いざ！ ライフラインチャートを描いてみよう

　書き出した「自己の棚卸し」をもとに，出来事を「満足度・幸福度」の高低を意識しながら曲線で描いていきます。図 3.1 を参考に「ライフラインチャート」の横軸に，年齢や学年を書きましょう。左側が幼少期，右に進むにつれ，現在という感じです。次に，表のなかに，自分の人生の満足度を表す曲線をフリーハンドで描いていきます。縦軸は，皆さんの満足度・幸福度の度合いで，満足度が高いときは上，低いときは下です。満足していた時期は線を上げて，逆に満足ではなかった時期は，線を下げるようにして描いていきます。

　ライフラインチャートが描けたら，曲線の山と谷になっている部分に，そのとき何があったのかを，簡単に説明を書いておきましょう。例えば，「優勝に貢献できた」「志望校に落ちてしまった」などです。

ライフラインチャート事前準備「自己の棚卸し」

	幼少期	小学校	中学校	高校	大学
自分にとって大切なできごと／転機となったできごと					
影響を受けた人					
影響を受けた言葉・本など					
その他					

ライフラインチャート

3.2　ライフラインチャートからわかること

　ライフラインチャートで描いたことは，過去の経験です。しかし，曲線の動きを振り返ることで，単なる過去の経験が自身の強みや価値観など多くのことが明らかになってきます。

- 「曲線が沈んでいるところから上昇しているところ」→ つらい状況の乗り越え方
- 「満足と感じたところ」→ 自分が充実感を得られるポイント
- 「不満足と感じたところ」→ 自分が不満を感じる要素
- 全体的に上向き → 楽観的な可能性
- 全体的に下向き → 悲観的な可能性
- 書いていて気づいたことや，聴き手からの感想 → ジョハリの窓（第 4 章参照）の「知らない窓」「未知の窓」の可能性

👥 グループワーク：「困難の乗り越え方」を引き出せるかがキー

　ライフラインチャートを用いて，「現在の私」に至るまでをシェアしてみましょう。聴き手の皆さんは，テキスト p.14 の「グループワークで，自己理解をより深める（促し）のためのヒント」を参考に，話し手の自己理解を深める質問をしていきましょう。特に聴いてほしいポイントは，「曲線が沈んでいるところから，上昇したところ」です。「つらかった，しんどかった」状況をなぜ乗り越えることができたのでしょうか。そこには，話し手にとっては，「当たり前」と感じている「困難の乗り越え方」が隠れています。この「乗り越え方」を引き出せるかが，このグループワークでの聴き手の皆さんの重大な役割です。乗り越え方にフォーカスした質問をしていくことで，話し手の「乗り越え方」が顕在化していきます。話し手は，話をするなかで，気づいたことをメモしておきましょう。

インストラクション

●質問の例

「どうして満足（不満足）と感じたの？」「自分で書いてみて，気づいたことはありますか？」「つらかったね。でも，この後，グラフは急上昇しているけど，どう乗り越えたの？」

●聴き手から見た印象も伝えてみよう

- 全体的に，上向きなのか下向きなのか。（例）「全体的に上向きだけど，自分ではどう思う？」
- 全体的な印象について。（例）「かなり上下の幅が広いけど，自分ではどう思う？」

個人ワーク3：自分史作成

最後のワークでは，ライフラインチャートをもとに，自分史を作成してみましょう。

単なる自分の歴史を羅列するのではなく，テーマを決めて書いてみましょう。

- 「1番印象に残ったこと」をテーマに
  （例）1番印象に残っているのは，高校時代の部活で，最後までレギュラーになれなかったことです。でも，仲間をサポートすることで，レギュラー以上にやりがいを感じ…
- 「気づいた自分」をテーマに
  （例）気づいた自分は，意外と打たれ強いのだということです。ライフラインチャートを書くまでは，打たれ弱いと思っていましたが，実はつらいことの連続でも，必ず上向きに…
- 「目指す方向性」をテーマに
  （例）私の目指す方向性は，あえて高い目標を掲げて，努力で達成することです。これまでの自分は，受験など，最後まで頑張り切れていなかったからです。
- 「充実感を得られるポイント」をテーマに
  （例）今回気づいたのは，大変なときほど，自分は頑張れるということでした。つらいことを努力で乗り越えることで，達成感を得られるため，今後は…

自分史

テーマ：「1番印象に残ったこと」「気づいた自分」「目指す方向性」「充実感を得られるポイント」など

3.3　まとめ

　本章では，過去のできごとを振り返ってライフラインチャートを作成しました。「曲線の動きの背景には，どんな言動があったのか，それを支えた思いは何か」「曲線の山や谷の部分に共通することは何か」を自問自答することで，自分にとっての特有の傾向やパターンが見つかったのではないでしょうか。ライフラインチャートを活用して，未来を設計する他，不安や悩みが生じた際の解決のヒントにしていきましょう。

● コラム 4　シュロスバーグの理論で「転機」を乗り越えよう！

　アメリカの心理学者ナンシー・K・シュロスバーグは，自身の生活や役割，取り巻く人間関係などの変化が起こる「転機」と，その乗り越え方を理論化しました（渡辺，2018）[1]。シュロスバーグによると，転機とは，次の 3 つに分かれます。
　イベント
- 予期していた転機（例）大学進学で，友達と離れ離れになってしまう。
- 予期していなかった転機（例）コロナで，学園祭が中止になってしまった。

　ノンイベント
- 期待していたことが起きなかったという転機（例）レギュラーになれると思っていたのに，なれなかった。

　これらの転機を乗り越えるためには，「3 つのステップ」と「4 つの S」が必要です。
　ステップ 1：転機を見定める（予期していた転機・予期していなかった転機・期待していたことが起きなかったという転機）。
　ステップ 2：4 つの資源（S）を点検する。
- Situation（状況）自分がどう捉えているか。
- Self（自分）乗り越えられる自信があるか。
- Support（支援）支えてくれる人はいるか。
- Strategy（戦略）有効な手段を考える。

　ステップ 3：転機を受け止め，対処する。
　（例）A さんは，ある日，急な体調不良に陥り，病院で検査をしたところ，癌が見つかりました。A さんにとっては「予期していなかった転機」です。A さんは，「4 つの S」の視点で考えました。「状況」では，ちょうど大学も夏休み期間のため，今，入院しても学業など普段の生活には支障がないと，ホッとしました。「自分」では，もともと楽観的な性格でもあり，「自分は運がいい！」と信じているので，大丈夫！ とのことでした。「支援」では，家族や友達が，自分以上に心配して，応援してくれています。担当医の「一緒に頑張りましょう」という言葉にも支えられていると感じています。「タイミングも悪くない。自分は運がいいし，みんなも応援してくれている」ので，少し勇気が出てきました。その上で「戦略」として，「そうだ，入院中は何もすることがないから，秋に受験予定の TOEIC の勉強を，この入院中に一気に進めてしまおう」と考え，戦略どおり，入院中に集中的に勉強をして，このイベントを乗り越えました。

　「転機」は誰にでも，いつでも起こりえるものです。「転機」に遭遇したら，この「4 つの S」に置き換えて考えてみることで，自身の転機への心積もり（転機を乗り越える覚悟）ができるのではないでしょうか。

● 引用文献・参考文献 ●

[1] 渡辺三枝子 (2018). 新版 キャリアの心理学 キャリア支援への発達的アプローチ. ナカニシヤ出版.

自分が自分を1番理解している？
― 自覚できていない自分自身を知る ―

> 「自分のことを，世界で1番理解している人は誰ですか？」という質問に，皆さんはどう答えますか？「当然，自分のことは，自分が1番知っている」と答える方が圧倒的に多いのではないでしょうか。しかし実際は，皆さんは自分の短所はいくらでも言えるのに，なぜか「あなたの強みは？」という質問には答えられなかったりします。序章で，職業を選択するための「自分なりの判断基準」である自己理解を深める重要性を紹介しました。「自分なりの判断基準」を作る上では，自覚できていない自分自身を知ることが不可欠です。
> この章では，「他己評価」という皆さんの周りの方を巻き込んだ自己理解の方法と，「ジョハリの窓」という自己理解を深める人間関係モデルを紹介します。自覚できていない自分自身を知って自己理解を深め，「自分なりの判断基準」を作っていきましょう。

4.1　他者から自分を知る

　自己理解を深める1つの方法は，評価の主体を変えてみることです。評価の主体とは，自分，他者，複数の他者です。評価の主体が自分であることを「自己評価」，他者の場合は「他己評価」，複数の他者は「多面評価」といいます。他者からの評価は，他己評価の他，他者評価，他己分析，他者分析ともいい，他者が，あなたの性格や長所・短所などを，客観的に分析することを指します。多面評価とは，複数人から評価されることで様々な視点からの評価を得ることです。社会に出ると，この多面評価を，上司や部下，他部署と，互いに評価し合い，人事評価や人材育成に取り入れていることもあります（これを360度評価といいます）。このように，評価の主体を自分以外にも広げる他己評価や多面評価のメリットは，客観的な評価が得られること，さらには，自分では気づかない多方面からの自分を知ることができることが挙げられます。

　また，他者から自分を知ることのもう1つのメリットは，周囲とのコミュニケーションがこれまで以上にとりやすくなることです。評価を得るために，「どう思っているか，教えてほしい」と歩み寄ることで，互いの関係が少し近づくことや，他己評価・多面評価をもとに，自分の短所を改善することで，他者にとっても自分にとっても居心地のよい自分になれるからです。これを「自己開発」「自己変革」などといいます。他者から自分を知ることをきっかけに，周囲とのコミュニケーションをとりやすくする，自分の意識も向上もさせる，そんなよいスパイラルを築いていきましょう。

4.2　当たり前を知るために〜「色々な自分」を知る

　自分にとっての「当たり前」を理解する「自己理解」を深める際には，「様々な組織や活動にいる自分」を整理してみましょう。図4.1にあるように，多くの方は，普段，様々な活動・環境に身

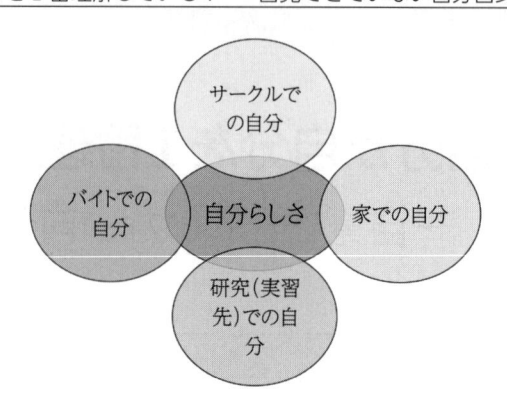

図 4.1　自分を取り巻く環境

を置いています。アルバイト先での自分，サークルでの自分，家で家族と一緒にいるときの自分，ゼミでの自分と，すべて同じですか？ おそらく，それぞれの場所では違った自分がいるのではないでしょうか。家では「誰とも話もしない，1 人でいる方が好き」でも，アルバイト先では，「何よりもお客様に喜んでもらえた瞬間がうれしい」と考え，自ら率先してサービスにあたるなど，家での自分とは真逆ともいえる行動をとる人もいます。自分自身は 1 人なのですが，「それぞれの場所で，それぞれの役割や立場に応じた色々な自分」がいます。これを心理学では自己複雑性とか多面的自己，多元的自己などと呼びます。そうした様々な場所での「自分らしさ」を過不足なく捉えていくことも，自己理解を深めていく上ではとても大切になってきます。

4.3　ジョハリの窓

ジョハリの窓（Johari Window）とは，アメリカの心理学者であるジョセフ・ラフト（Joseph Luft）とハリー・インガム（Harry Ingham）によって考案された自己分析に使用する人間関係モデルです（図 4.2）。自分自身が知っている自分と，他者から見た自分自身の特徴や特性を，4 つの窓に区分して自己を理解するものです。この 4 つの窓を活用することで，「対人関係を通した心の成長プロセス（杉山ら，2018）」につながっていきます。横軸は，自分について，「自分が知っている部分」と「自分が知らない部分」に分かれています。特に右側の「自分は気づいていないが，他人は知っている自己」や「自分も他人も知らない自己」には，違和感を覚える人もいるのではないでしょうか。私たちは，「自分のことは 1 番自分が知っている」と思いがちですが，実際は，意外と自分では気づいていないことも多いです。

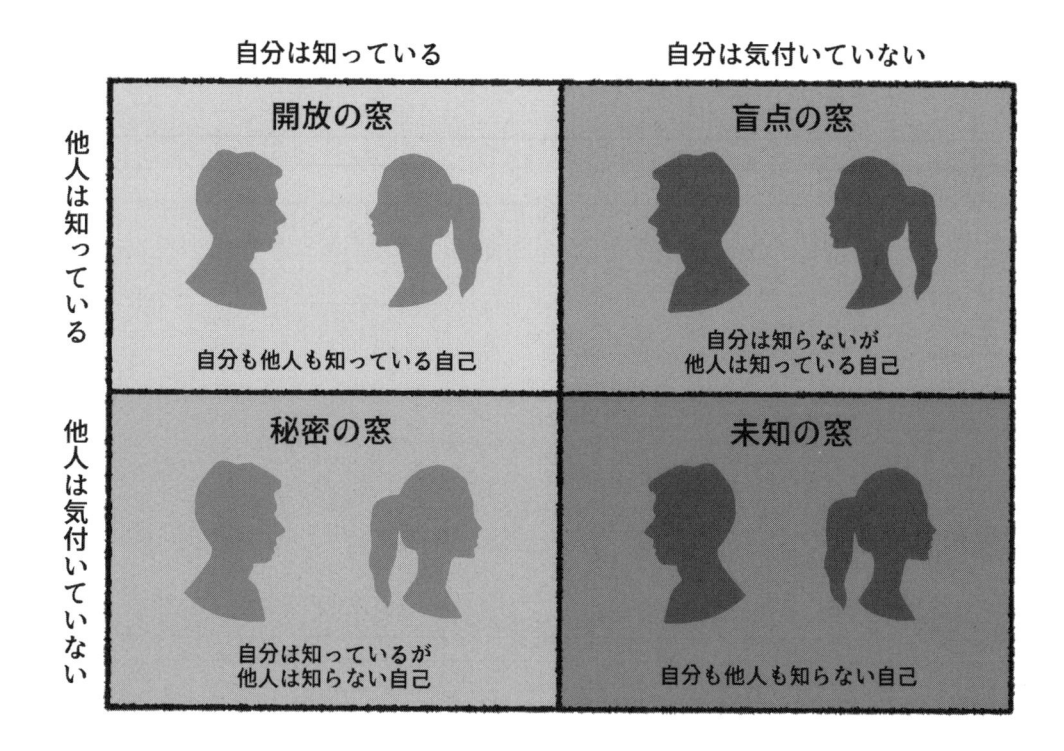

図 4.2 ジョハリの窓

【開放の窓】自分も他者も知っている自分

　この窓が大きい人は，自分の内面や強みが（周りの人もわかるぐらいに）表現できているいえます。逆にこの窓が小さい人は，「よくわからない人」と思われているかもしれません。

【盲目の窓】自分は気づいていないが，他者は知っている自分

　自己理解が浅い，あるいは自分が気づいていない部分が多いといえます。他己評価で，自分が知らなかった自分の特徴を受け入れていくことで，開放の窓に移っていきます。

【秘密の窓】他者は知らないが，自分は知っている自分

　この窓が大きい人は，自分の内面や強みを表現していない，もしくは，できていないと考えられます。意識的に伝えたり，表現することで，「開放の窓」に移っていきます。

【未知の窓】自分も他者も知らない自分

　今はまだ顕在化していませんが，新しいことに挑戦したりするなかで気がついたり，他己評価されたり，新たに身についていく未知の強み・能力です。

個人ワーク1：他己評価

では，ジョハリの窓の第1歩，あなたに対する他己評価，多面評価はどうなのか，早速，周りの人にインタビューしてみましょう。

インストラクション

- 少なくとも3人以上の人に質問をする（できればそれぞれ異なる環境の人）。
- メールやLINEなどでも可。
- 対面で聞いたときには，メモで残しておく。

【質問例】

- 私のよいところを教えてください。
- どんなときに私が必要だと思いますか。
- 私の最初の印象はどんなでしたか。今の印象と違うところはありますか。
- 私が直した方がよいと思うところはどこですか。
- 私との思い出で，印象に残っているエピソードはありますか。

インタビューで得られた私の情報（自分で気づかなかったところや，自分ではそう思わなかったところは，○をつけておきましょう）

個人ワーク2：ジョハリの窓を作成してみよう

自分が理解している自分の特徴（長所・短所など）を，「ジョハリの窓ワークシート」の「開放の窓」「秘密の窓」に書いてみましょう。「秘密の窓」に記入する際は，グループワークで共有してよい部分に留めておきましょう。これらが「自己評価」です。次に，インタビューで得られた情報を，あてはまる窓を検討しながら，記入していきましょう。これが「他己評価」です。

1. 自己評価を書ける窓「開放の窓」「秘密の窓」に記入していく。

2. 他己評価の情報を，あてはまる窓を検討しながら，記入していく。

3. ジョハリの窓が完成したら，グループで互いに内容を紹介してみる。

【ポイント】自己評価と他己評価の違いを意識しながら記入していこう。

グループワーク

　グループで紹介・意見交換をしてみましょう。書いているなかで，同じ内容にもかかわらず，自己評価と他己評価で，表現が異なることにも気を使いましょう。例えば，自己評価では「周囲の目が気になる」が，他己評価では「いつも周囲に気を配っている」になるといったものです。類似の内容でも，自己評価では，どちらかというとマイナスの表現であるのに対し，他己評価では「長所」として捉えられていることに驚いた方も多いのではないでしょうか。グループでの意見交換では，そうした気づきにも触れながらそれぞれのジョハリの窓を紹介し，自由に感想を言い合いましょう。

ジョハリの窓をもとに自己紹介してみよう。

- どういう評価があったか。
- 自分でも「そう思う」ところ。
- 自分では「意外だった」ところ。
- 取り組んでみて感じたこと。

4.4　ジョハリの窓の活用方法

　ジョハリの窓を埋めていく作業やグループでの意見交換を通して，「知らない自分」への気づきがあったのではないでしょうか。ジョハリの窓は，ただ，「知らない自分」に気づくだけのツールではありません，次のように活用することで，「自分も他者も知っている自己」という「開放の窓」を広げていきましょう。

1.「盲点の窓」を柔軟に受け止めることで，自分の顕在化した強み「開放の窓」を広げる。

2. 新しいことや困難に挑戦する過程で，自身の「未知の窓」を開拓する。

3.「秘密の窓」を広げる（素直な自分をオープンにする）ことで，自分のよさを伝えていく。

4.5　まとめ

　ジョハリの窓を「自己評価」「他己評価」から作成し，自分自身を主観的・客観的に可視化することで，「知らない自分」への理解をかなり深められたのではないでしょうか。また，「ジョハリの窓を紹介する」といった作業を通して，就職活動でいうところの「自己 PR」のような自分らしさを再確認できたと思います。ぜひ，今回作成したジョハリの窓の「開放の窓」を広げられるように，自分らしさをほんの少しだけ自己開示してみることや，新しいことに挑戦する過程で「未知の窓」を広げていくことで，「知らない自分」を「知っている自分」から，さらに「成長し続けている自分」に変えていきましょう。

●コラム 5　個性化という心の成長

　スイスの精神科医で心理学者のユングは，分析心理学（ユング心理学ともいう）を創設しました。そのなかで，ユングは「ペルソナ」や「シャドウ」という概念を示しています。ペルソナとは，もともとは仮面を意味する言葉ですが，自己の外的側面を表すものという意味です。日本では「外面（そとづら）がいい」などといいますが，それと似たような概念です。ただし，外面（そとづら）は家族や親しい人たちの前では外しますが，ペルソナはそれらの人たちの前でも着けている場合があります。

　ペルソナに対して，自己の内的側面も人は持っています。その内的側面のなかでも，自分が否定している性質の部分のことを「シャドウ」といいます。例えば，日ごろは「他者には優しくすべきだ」と思っていても，内的側面のなかには「他者には厳しい」部分を持っていたりします。それは自分にとって自己矛盾をきたします。否定すればするほどシャドウが気になって葛藤が増していきます。そこで，ユングはこう考えました。人は成長すると，自分が本来持つ「個性」が内から出てきて，その人が本来そうなるであろう自分へと統合していくのだと。これを「個性化」といいます。ペルソナと内的側面，肯定的な部分と否定的なシャドウとの葛藤をなくし統合していくことが個性化であり人間の心の成長なのです。ジョハリの窓で「開放の窓」を拡大することは，ユングの言う個性化と似ています。解放の窓を拡大していくことは，自己矛盾のない自分を作っていく個性化であり，心の成長につながるといえます。

●コラム 6　等身大の自分を知ることで，自信に。

　ジョハリの窓をグループワークでシェアした際に，「自分では短所だと思っている "秘密の窓" を，実は周りの人たちは肯定的に捉えていて，それが "盲目の窓" になっていることが多くて，びっくりした。」という意見が出ることがあります。自己評価では「相手を優先し，自分は後回しにする」「空気を読みすぎて，意見が言えない（言わない）」と，自分の内面に短所として留めている自分らしさが，周りの人にインタビューすると，「いつも周りを見ていて，さすがだなと思った」「めちゃくちゃ気遣いの人」と評されて，「そんな風に周りからは見えているのだ」と驚いたという人は，実は少なくありません。なお，能力があるのに「私には実力がない」などと自分に自信が持てず，過小評価することを「インポスター症候群」といい，男性より女性の方が陥りやすいとされています。ジョハリの窓で整理し，そうした「自分にとっての短所」も多面評価で，「自分では短所だけど，周りからは長所として映っているのだ」という等身大の事実として理解をしていきましょう。「盲目の窓」「秘密の窓」から「開放の窓」へと移していくことで，「自分に自信が持てるようになった」という学生もいます。もし，「自分は短所ばかりだ」と思う人がいたら，ぜひ，ジョハリの窓で多面的に自己理解を深めていきましょう。

ジョハリの窓ワークシート　　　　　　　　　氏名：

開放の窓
自分：知っている
周り：知っている

盲目の窓
自分：知らない
周り：知っている

秘密の窓
自分：知っている
周り：知らない

未知の窓
自分：知らない
周り：知らない

● 引用文献・参考文献 ●

[1] Luft, J., Ingham, H. (1961). The Johari Window: A graphic model of awareness in interpersonal relations. Human relations training news.

[2] 日本の人事部 (2019).「インポスター症候群」. https://jinjibu.jp/keyword/detl/689/ (最終アクセス日 2024.08.02)

人生を充実させる強みは？
— 能力や強みの明確化 —

> ここでいう「強み」とは，ポジティブ心理学で提唱する個人の特性であり，自分らしさを感じさせ，成功に貢献し，幸せや有意義な人生を送る上で役立つものです。ですから，単に仕事で業績を上げるためだけでなく，最終的に自分のウェルビーイングに寄与するための「強み」になります。日常的に発揮している力ですから当たり前に感じて見落としているかもしれません。自分の「強み」を自覚することによって意識的に活用することができるようになります。

5.1　「強み」を自覚する

　自分の「強み」は，当たり前すぎて自分では気づかないものです。したがって，まずは自分が保有している強みを自覚する必要があります。その上で，その「強み」を意識的に発揮していきます。そのことが自分らしさや人生の成功や幸せに寄与するとポジティブ心理学では考えられています。

　「強み」は普段，使い慣れた場面だけで発揮している可能性が高いです。しかし，「強み」を意識的に用いるということは，普段とは違う場面であっても必要なときに発揮できることを意味します。これを繰り返し行った結果，無意識であっても多様な場面で「強み」を発揮できるようになります。より多くの場面において，多くのバリエーションで「強み」を発揮していくことは人間的な成長の1つです。このことが仕事や人間関係においてよりよい結果を生み出すことになります。

　ここでは，ポジティブ心理学が提唱する「VIA 強みテスト」を用いて自分の「強み」を見ていきます。VIA™ とは Values in Action™ の略で，直訳すると「行動における価値」となります。本書では，セリグマン著（2014）の『ポジティブ心理学の挑戦』[1] で紹介している 6 分類，24 種の「強み」を紹介します（表 5.1）。ポジティブ心理学において，幸福な人と不幸な人を比較した結果，幸福な人たちは「自分の強みを知って使っている」ということがわかりました。自分の「強み」を知って日常生活や，就職活動などに活用していきましょう。

表 5.1　強みの 6 分類，24 種
（セリグマン (2014) をもとに筆者が作成）[1]

知恵と知識 …	創造性，好奇心，知的柔軟性，向学心，大局観
勇気 ………	勇敢さ，忍耐力，誠実さ，熱意
人間性 ……	愛情，親切心，社会的知能
正義 ………	チームワーク，公平さ，リーダーシップ
節制 ………	寛容さ，慎み深さ，思慮深さ，自己調整
超越性 ……	審美眼，感謝，希望，ユーモア，スピリチュアリティ

> 👤 **個人ワーク 1：**自分の強みについて調べてみましょう。

インストラクション

- 「表 5.2 VIA 強みチェックシート」の各項目について，自分にとってどの程度あてはまるかを該当する数字に○印をつけてください。
- すべて回答し終わったら，2 項目ずつ合計を出して右欄に記入してください。

実施上の留意事項：1～5 の段階は，逆転している箇所がありますが間違いではありません。あくまでも「どの程度当てはまるか」で答えてください。

表 5.2　VIA 強みチェックシート
(セリグマン (2014) をもとに筆者が作成) [1]

強み	質問項目	とてもよくあてはまる	あてはまる	何とも言えない	あてはまらない	全くあてはまらない	合計点
①創造性	何かをするのに，新しいやり方を考えるのが好きだ	5	4	3	2	1	
	友人のほとんどは，自分より創造力が豊かだ	1	2	3	4	5	
②好奇心	世の中についていつも好奇心を持っている	5	4	3	2	1	
	すぐに退屈してしまう	1	2	3	4	5	
③知的柔軟性	必要に応じて，極めて合理的に考えることができる	5	4	3	2	1	
	物事をパッと判断しがちだ	1	2	3	4	5	
④向学心	何か新しいことを学ぶとき，わくわくする	5	4	3	2	1	
	わざわざ図書館に足を運んだりすることは 1 度もない	1	2	3	4	5	
⑤大局観	いつも物事をよく見て，全体像を捉えることができる	5	4	3	2	1	
	他人が助言を求めてくることはほとんどない	1	2	3	4	5	
⑥勇敢さ	よく強い抵抗にあう立場をとってきた	5	4	3	2	1	
	苦悩や失望にくじけてしまうことがよくある	1	2	3	4	5	
⑦忍耐力	始めたことは必ずやり遂げる	5	4	3	2	1	
	課題に取り組むときにわき道にそれる	1	2	3	4	5	
⑧誠実さ	約束は必ず守る	5	4	3	2	1	
	友人から飾らない人間だと言われたことが 1 度もない	1	2	3	4	5	
⑨熱意	やることなすことすべてに全力投球する	5	4	3	2	1	
	落ち込むことが多い	1	2	3	4	5	
⑩愛情	自分には，まるで我がことのように自分の気持ちや調子を気遣ってくれる人がいる	5	4	3	2	1	
	他の人からの愛をうまく受け入れられない	1	2	3	4	5	
⑪親切心	この 1 か月の間に，周囲の人を自発的に助けたことがある	5	4	3	2	1	
	他の人の幸運を我がことのようにうれしく感じることはほとんどない	1	2	3	4	5	

⑫社会的 知能	どんな社会的状況においても適応することができる	5	4	3	2	1	
	他の人の気持ちに気づくのはあまり得意ではない	1	2	3	4	5	
⑬チーム ワーク	グループのなかにいるときに，自分の力を最大限に発揮することができる	5	4	3	2	1	
	自分の属するグループの利益のために自分の利益を犠牲にすることには抵抗がある	1	2	3	4	5	
⑭公平さ	どんな人であろうと誰でも平等に扱う	5	4	3	2	1	
	誰かのことが嫌いな場合，その人を公平に扱うのは難しい	1	2	3	4	5	
⑮リーダー シップ	うるさく言うことなく，人をまとめて協業させることができる	5	4	3	2	1	
	グループ活動を計画するのはあまり得意ではない	1	2	3	4	5	
⑯寛容さ	過去のことはいつも水に流す	5	4	3	2	1	
	いつも仕返ししようとする	1	2	3	4	5	
⑰慎み深さ	人に褒められると話題を変える	5	4	3	2	1	
	自分の業績についてよく自慢する	1	2	3	4	5	
⑱思慮深さ	身体的に危険な行動は避けるようにしている	5	4	3	2	1	
	友人関係や恋愛関係で，ときどき選択を誤ってしまうことがある	1	2	3	4	5	
⑲自己調整	自分の感情をコントロールできる	5	4	3	2	1	
	ダイエットはほとんど続いたためしがない	1	2	3	4	5	
⑳審美眼	ここ1か月の間に，音楽，美術，演劇，映画，スポーツ，科学，数学などのすばらしさに心躍ったことがある	5	4	3	2	1	
	この1年間，美しいものを何も生み出していない	1	2	3	4	5	
㉑感謝	どんな小さなことであっても，必ず「ありがとう」と言う	5	4	3	2	1	
	自分がいかに恵まれているのか，立ち止まってよく考えてみることはほとんどない	1	2	3	4	5	
㉒希望	物事をいつもよい方向に考える	5	4	3	2	1	
	やりたいことのために，じっくりと計画を立ててみることはほとんどない	1	2	3	4	5	
㉓ユーモア	いつもできる限り仕事と遊びをおりまぜる	5	4	3	2	1	
	面白いことはほとんど言わない	1	2	3	4	5	
㉔スピリチ ュアリティ	自分の人生には明確な目的がある	5	4	3	2	1	
	人生における使命がない	1	2	3	4	5	

5.2 「強み」を確かめる

　上位3つの強みを「表5.3 強み体験確認シート」の1位〜3位の欄に記入してください。同点の場合は，より「自分らしい」と思うものを選んでください。上位3つの強みは，以下のような特徴を持っているはずです。

A. その強みはあなたにとって不可欠だと感じられる。

B. その強みを使うことは，自然で楽に感じられる。

C. その強みを発揮すると，活力が湧き，気分が高まる。

> **👤 個人ワーク2：「強み」と関連する場面を思い出す**
>
> 　A～Cの特徴が「感じられない」場合は，その強みが，他者からの期待に応えるために身につけてきた習慣である可能性があります。そこで，あらためて，本当に自分の「強み」なのかを確かめてみましょう。

インストラクション

- 上位の強みを発揮できた場面を思い出して，当時どのように発揮したかを表5.3の「発揮できた場面」に記入してください。
- 次に，その場面は前述のA～Cの特徴が5点満点で何点になるかを「特徴」に記入してください。もし，前述の3つの特徴が十分に感じられない場合は，次に点数の高かった強み（第4位，第5位）について同じように振り返ってみましょう。
- 最終的に，確信が持てる「強み」を3つ選びましょう。

実施上の留意点：発揮できた場面は，最も印象深いものを思い出しましょう。いつ，どんな状況で，誰と，何をしているときでしたか？ 何に対してどのように強みを発揮しましたか？ 5W1Hを意識して当時の場面を思い出してください。

表5.3　強み体験確認シート

強み	発揮できた場面（最も印象深い場面）	特徴
1位		A： B： C：
2位		A： B： C：
3位		A： B： C：
(4位)		A： B： C：
(5位)		A： B： C：

5.3　「強み」を成長させる

> ■ 個人ワーク3：「強み」の発揮を検討する
>
> 　自分の「強み」を他者のために用いることによって，よりよい人間関係を作り，意味のある成果を上げることができます。一方で，「強み」が通用しない状況を知ることも必要です。別のやり方での発揮の仕方や，あるいは代わりになる「強み」の必要性を知ることができます。自分の「強み」を様々な場面で，柔軟かつ有効な形で発揮する方法を探り，自己成長につなげましょう。

インストラクション

- このワークでは，ワーク2で自分の強みとして確認できた3つの強みについて検討します。
- 各「強み」について，①自分の「強み」を他者のために用いる状況，②「強み」の発揮が困難な状況について，よく考えて「表5.4『強み』の発揮についての検討シート」に記入してください。

表 5.4　「強み」の発揮についての検討シート

強み	①「強み」を他者のために使うとしたら，どんな状況で使いますか？	②「強み」を発揮するのが難しい状況とその対応は？

> ■■■ グループワーク
>
> 　「強み」の発揮についてグループで共有しましょう。1人ひとり順番に発表していきます。発表することによって，より考えが明らかになることもありますし，逆に何がわからなかったのかがわかることもあります。また，聴いている人は，自分とは異なる「強み」だとしても，その発揮の仕方や難しさについてはヒントになることもあり得ます。よく聴いて，自分の参考にしましょう。もし可能なら，発揮方法について相談し合ったり，助言し合ったりしてください。

● コラム 7　弱気なときこそ「こころの資本 HERO」を鍛えよう！

　いつも元気で意欲があって，自信に満ちた自分でいられるとよいのですが，そういうわけにいかないのが人生です。そんなときこそ，「こころの資本 HERO」を強化する必要があります。こころの資本は正式には「心理的資本」といい，目標に向けて行動を起こす原動力になるものです。心理的資本が大きいほど，物事に積極的に取り組んで自分自身を成長させることができます。具体的には，Hope（意志と経路の力），Efficacy（自信と信頼の力），Resilience（乗り越える力），Optimism（柔軟な楽観力）の 4 つから構成されます。ここでは開本・橋本（2023）[2] を参考に HERO を強化するポイントを紹介します。

　まず，Hope を向上させるには，個人的にワクワクする目標を立てたり，目標達成に役立つ自分の能力を発揮したり，ツールや協力者を活用するすることです。また，目標に至る道筋（方法・手段）を複数考え出すことも重要です。仮に 1 つの方法がダメでも別の方法で達成することができるからです。次に，Efficacy は自信をつけることです。過去の成功体験で達成したことや達成した方法は，今後も大いに活用していきましょう。また，今後の活動においては，少しがんばれば達成できそうな小目標を設定して成功体験を増やしていきましょう。3 番目の Resilience は困難を乗り越える力です。自分が持てる力を最大限発揮するだけでなく，他者の力を探し出して協力してもらうことも重要です。同時に，ストレスを上手くコントロールすることも重要です。最後に Optimism は柔軟な楽観的な力を持つことです。ネガティブな結果には寛容になり，ポジティブな結果について積極的に評価することが重要です。コントロールできないことで自責の念を持つのではなく，コントロールできることを積極的に取り入れて行動していく方が建設的です。

　これらの 4 つの心理的資本は，誰もが持っていて，誰もが高めることができます。これらを強化していくことで，苦境を意欲的に乗り越えてポジティブな将来を拓いていくことができるようになります。心理的資本は，自分を助けてくれる HERO（ヒーロー）なのです。

● 引用文献・参考文献 ●

[1] マーティン・セリグマン（著），宇野カオリ（監訳）(2014). ポジティブ心理学の挑戦, 付録：VIA 強みテスト簡略版. ディスカヴァー・トゥエンティワン.

[2] 開本浩矢・橋本豊輝 (2023). 心理的資本をマネジメントに活かす：人と組織の成長を加速する「HERO」を手に入れる. 中央経済社.

Appendix：強みの解説

　各強みの説明は以下になります。「強み」チェックシートの質問項目も合わせて，その意味をつかんでください。

① 創造性：物事を概念化して実行するための斬新で生産的で実用的な方法を考えることができます。

② 好奇心：目新しさや変化に対してオープンで，新しいことを学び，探索し，経験することに興味があります。

③ 知的柔軟性：物事を様々な角度から考えると同時に，証拠に照らして考えを変えることもできます。

④ 向学心：学校生活において独力で，または正式な機関や研修プログラムで，新しいスキル，トピック，知識体系を習得することができます。

⑤ 大局観：他者に賢明なアドバイスを提供し，自分自身や他の人にとって意味のある世界の見方を持つことができます。

⑥ 勇敢さ：逆境，困難，痛みに立ち向かい，困難が生じてもひるみません。たとえ不評であっても信念に基づいて行動し，たとえ反対があっても正しいことを主張することができます。

⑦ 忍耐力：始めたことを最後までやり遂げることができます。タスクやプロジェクトの完了を楽しむことができます。

⑧ 誠実さ：真実を話すだけでなく，より広範に誠実な方法で行動することができます。

⑨ 熱意：生き生きとした活力を感じることができます。仕事，学校，人間関係，遊びにおいて活力を感じ，

決して物事を中途半端にしません。

⑩ 愛情：他者と親密な関係，特に分かち合いや思いやりが報われるような関係を大切にすることができます。

⑪ 親切心：他人のために好意や善行を行うことができます。人々に対して思いやりがあり，寛大で，協力的で，思いやりがあります。

⑫ 社会的知能：自他の感情や動機を認識することができます。何が人を動かすのか，社会に適応するために何をすべきかを知ることができます。

⑬ チームワーク：グループのメンバーと一緒にうまく働くことができます。グループやチームの目標達成に向けて一生懸命働き，他の人をサポートすることができます。

⑭ 公平さ：正義を遵守することができ，他者の決定を妨げることはしません。1人ひとりにチャンスを与えることができます。

⑮ リーダーシップ：物事を遂行し，共通の目標を達成するために人々をまとめることができます。

⑯ 寛容さ：不当な扱いをした人たちに対して理解を示すことができます。内なる緊張や憤りの感情を手放すことができます。

⑰ 慎み深さ：自分のことを他者よりも特別だと考えず，自分の功績はそれ自体の価値として認めることができます。

⑱ 思慮深さ：心に秘めた計画を持ち，行動が誠実です。それは，過度のリスクを負わず，後で後悔するようなことはしません。

⑲ 自己調整：衝動，感情，悪徳，習慣をコントロールすることができます。逆境にもかかわらず集中力を維持し，規律を持って行動することができます。

⑳ 審美眼：世の中にある美しさや卓越したパフォーマンス，他者の親切で高潔な行為について気づき，感謝することができます。

㉑ 感謝：人生で起こるよい出来事に気づき，感謝することができます。時間をかけて感謝の気持ちを表現することができます。

㉒ 希望：前向きな期待と楽観主義を持って未来志向でいることができます。将来何かよいことがもたらされるという信念を持つことができます。

㉓ ユーモア：何がおかしく，何が矛盾しているのかを指摘することによって，物事の楽しさを認識することができます。ジョーク，物語，面白い発言で他の人の気分を高揚させることができます。

㉔ スピリチュアリティ：自分の高次の目的と宇宙の意味について一貫した信念を持つことができます。

コミュニケーションは難しい？
―自分らしく気持ちを伝える―

> 「コミュ力が高い」あるいは「コミュ障」などとよく耳にしますが，「コミュ」つまり「コミュニケーション」とはそもそもどういう意味でしょうか。多くの方が，「コミュニケーション」を，「上手く話すこと」といった明るさ・外向性と思っているのではないでしょうか。「コミュニケーション」とは，平木（2000）[1] によると，「誤解やズレを調整していくこと」です。この章では，コミュニケーションの本質を理解し，他者とよりよい関係を作っていくためのヒントとして「アサーション」と「傾聴」を学びます。

6.1　日本人のコミュニケーションの傾向

　私たち日本人は，他国に比べて，とかく自分の意見や感情を表現するのが苦手といわれています。聖徳太子が制定した 17 条の憲法の第 1 条には，「和を以て貴（とうと）しとなす」という言葉が出てきます。「和を何よりも大切にする」という意味です。ここでいう和とは，「意見を言わない」「空気を読む」といった消極的な態度のことではありません。ところが，いつしか私たち日本人は，調和を大切にするあまり「空気を読む」ことが美徳となりました。アメリカの文化人類学者エドワード・T・ホールは，こうした空気を読み，抽象的な表現でコミュニケーションをとるハイコンテクスト文化の代表として日本語を挙げています。対して，欧米のような，「なんでも言葉で伝え合う」文化をローコンテクストといいます。世界的に行われている調査では，「日本の 77 ％ の生徒は自分が失敗しそうなとき，他の人が自分のことをどう思うかが気になる（OECD, 2019）[2]」といった，結果や周囲の反応を気にしすぎる傾向があることが明らかになりました。このように，私たち日本人は，世界的に見ても，空気を読み，言葉にしないハイコンテクスト文化を大切にしてきた一方で，結果や周囲の反応を気にするあまり，非主張的な言動をしがちな人種であるようです。

6.2　コミュニケーションの難しさ

　「和を以て貴しとなす」には，「わだかまりなく話し合うことが尊い」という意味もあるとされています。社会で働いていく上では，他者との協働や，合意形成が欠かせません。「わだかまりなく話し合い」「根回しや交渉」をじっくり行っていく合意形成の過程では，相互に納得感や信頼関係が生まれます（第 7 章）。その手段の 1 番の基本が，コミュニケーションです。しかしながら，私たちが，結果や周囲の反応を気にしてしまい，非主張的な言動をしてしまうのは，このコミュニケーションが，簡単なようで実は難しいからです。私たち人間のコミュニケーションは，「伝えたいことが複雑」で「様々な要素が絡み合ったりしている」ため，正確に伝えるには，多くの「調整」というプロセス

が必要になっています（平木，2000）[1]。私たちは，見聞きしたことを自分で考えることで何かしらの感情が生まれ，それを相手に伝えていきます。このプロセスのなかでは，それぞれの内面で起こっている作用は，互いに見えないため，誤解が生じてしまうことも度々あります。そのため，人によっては，相手の反応を見て，自分が言いたいことを言わず，相手に好かれるために相手の意向に従った言動をしてしまい，結果として，人間関係に疲れてしまい，孤立してしまうこともあります。

6.3　アサーションでよりよい人間関係を築いていこう

　相手と互いの考えや気持ちを表現し合い，よりよい人間関係を築いていくことをアサーションといいます。平木（2009）[3] は，私たちの日常における言語表現の場面を，挨拶などの何気ないやり取りの日常会話の場と，結論や成果のための議論の場といった，目的や機能の異なる 2 つの場面を挙げています。皆さんが苦手な場面は，どういう場面でしょうか。まずは，自身のアサーション度を理解し，苦手さを感じる場面での適切な自己表現を学び，改善していくことで，よりよい人間関係を築いていきましょう。

6.4　対人関係における自己表現の 3 タイプ

　自己表現をする上で，多くが次の 3 タイプに分けられます。少しわかりやすく，ドラえもんの登場人物も例えとしてつけ加えます。

> 1. ノン・アサーティブ：非主張的。自分より相手を優先。【のび太】
> 2. アグレッシブ：攻撃的。自分のことが最優先。【ジャイアン】
> 3. アサーティブ：自分のことをまず考えつつ，他者をも配慮する。【しずかちゃん】

　例えば，レストランで食事をしていたとします。店員さんに「お水をください」と何度もお願いをしても，お店が混んでいるせいなのか，忘れてしまったのか，なかなか持ってきてくれません。こんなときに，ノン・アサーティブ（のび太）な人は，「仕方ないよね，忙しそうだもん」と我慢をしますが，気持ちはすっきりしません。アグレッシブ（ジャイアン）な人は，「何度言えばわかるんだ！ 店長を呼べ！」と大騒ぎしました。本人も怒りが収まりませんが，言われた店員も，周りのお客さんも，不快になり，お店全体の雰囲気まで悪くなりました。アサーティブ（しずかちゃん）は，店員を呼んでから，「これまでに何度もお願いした」こと，「お水が来ないので，困っている」ことを冷静に，でも丁寧に伝えました。店員は，お詫びをした後にお水を提供し，お客さんが喜んでいる姿を見て，ホッとし，同じように困っているお客さんはいないだろうかと各テーブルの様子をこれまで以上に丁寧に見てまわるといった気遣いを見せるようになりました。

　しずかちゃんのようなアサーティブな言動は，「歩み寄りの精神」があり，「相互に尊重し合える」体験となります。このようなアサーティブな言動「さわやかに自己主張」は，次のようなものです。

> - 自分自身の感情に正直。
> - どんな状況にも適切な行動をとることができる。
> - 遠回しに「察してよ」という態度ではなく，率直に相手に意見を伝える。
> - 相手のことも尊重した表現，言い回しができる。

　こうした言動は，他者からは，「大切にされた」「尊重された」という感覚となり，信頼関係を築くことができます。「相手に配慮しつつも，自分の意志や意見をきちんと伝える」ことが，アサーティブなコミュニケーションです。アサーティブなコミュニケーションを心がけることで，立場の違いを超えて，言いにくいことも相手に理解してもらいやすくなったり，チームでの成果が上がったり，ストレスが軽減されることにもつながります。

👤 個人ワーク 1：アサーション度チェック －自分の自己表現度を知ろう－

　自分自身のアサーション度がどれぐらいなのか，チェックしてみましょう。次のような状況で，普段どうしているかを考えて，○で囲んでください。

あなたのアサーション度は？

	場面	全く しない	たまに する	時々 する	よく する	いつも する
1	他人が悪いことをしていたら，その本人に注意する					
2	並んでいるときに，割り込まれたとき，「並んでますよ」と言う					
3	物事の決断は，すぐに行う					
4	目上の人であっても，意見が違えば自分の意見を言う					
5	話し合いの場では，自分の意見は言う					
6	店のレジで待っているときに，後ろで待っている人から先に対応されたら，店員に「自分が先に並んでいた」と言う					
7	友だちであっても，期日までに貸したお金が戻ってこない場合は，返金するよう求める					
8	議論するときは，周りの人から認められなくても，自分の意見を訴え続ける					
9	大勢が集まる場で，ひとりぼっちになりがちである					
10	他人が何かの決定や選択をするときに，その人に代わってやってあげる					
11	愛情表現を示すのは，得意なほうだ					
12	友達に助けを求めたり，ちょっとした頼みごとをすることに抵抗はない					
13	自分の考えは，いつでも正しいと思っている					
14	感情は高ぶりやすいほうだ					

15	人をほめるのが，苦手だ					
16	他の人が上手く発言できないときに，代わりに発言してあげる					
17	自分の主張を押し通すために，大声で命令したり，怒鳴ったりする					
18	友人と食事をするときは，誰よりも自分が 1 番しゃべっている					
19	知り合いを見かけたときに，自分から声をかける					
20	人前に出たり，外出することは苦手だ					

平木典子 (2009). 改訂版アサーション・トレーニング―さわやかな（自己表現）のために―. 日本・精神技術研究所. をもとに筆者作成 [3]

結果の見方

　このチェック表には，正しい答えはありません。「自分がどこでアサーションができているか，どのような場面が苦手か」を自覚しましょう。そして，次に同様の場面に出逢ったときに，どんなアサーティブな表現ができるかを考えてみましょう。「状況や場面を意識し，自分の言動に気づくだけでも，アサーティブな言動が増えていきます（平木，2009）[3]」。このチェック表をもとに，自分の言動の傾向を，下の表の左の欄に整理し，それらに対して望ましい（アサーティブ）な言動を右の欄に書いてみましょう。

自分の言動の傾向	左記に対しての望ましいアサーティブな言動を書いてみよう

6.5　アサーティブな表現その 1 : アイ・メッセージ

　アイ・メッセージとは，アメリカの心理学者トーマス・ゴードン博士が提唱したコミュニケーション技法で，「相手を非難・否定することなく自分の想いを伝える手法」のことです。ポイントは，「主語を自分（私は）で話す」ことです。これにより，相手を尊重し，良好な関係が築けます。

　例えば，「何回言えばわかるんだ」「なぜ，こんな簡単なことができないんだ」と言われたとしたら，どんな気分になりますか？ これらは，ユー（You）メッセージといわれるものです。相手を否定・非難した強い口調になりがちで，言われた側は，責められたような印象を持つ可能性があります。普段使いがちなユー・メッセージを，アイ・メッセージに変換することで，良好な人間関係を築きましょう。

> 📍 **個人ワーク 2 : アイ（I）・メッセージでアサーティブな表現を目指そう**
>
> 　例に従って，ユー・メッセージをアイ・メッセージに変換してみましょう。ポイントは，主語を「あなた（You)」ではなく，「私（I)」にすることです。

> 　（例）「なんでそういうことを言うの？」→「そう言われると，悲しい」
> - 母親が自分の部屋を勝手に掃除した。
>   「勝手に掃除しないで！」→「　　　　　　　　　　　　　　　　」
>
> - 友達がいつも遅刻する。
>   「なんでこんな簡単なことができないの？」→
>   「　　　　　　　　　　　　　　　　　　　　　　　　　」
>
> - いつも連絡をしないので，仕事が滞ってしまう。
>   「連絡して」→「　　　　　　　　　　　　　　　　　　　」

6.6　アサーティブな表現その 2 : DESC（デスク）法

　相手を不快にさせず自分の言いたいことを伝え，納得感を得るための技法で，アメリカの心理学者ゴードン・バウアーらによって提唱されました。DESC とは，次の 4 ステップの頭文字です。

1. **Describe**（描写する）客観的に事実を伝える。
2. **Express**（説明する）D（客観的な事実）に対しての自分の意見を述べる。
3. **Suggest**（提案する）課題解決に対しての提案をする。
4. **Choose**（選択する）選択肢や代替案を示す。

DESC の具体例

インターンシップ参加時に遅刻しそうなとき

D：描写	15 分ほど遅刻しそうです。
E：説明	台風の影響で，○○線が遅延しているためです。
S：提案	インターンシップご担当者の○○さんにお伝えいただけると助かります。
C：結論	15 分を過ぎそうな場合には，再度ご報告します。

> **👤 個人ワーク 3：DESC で，アサーティブな表現にトライしてみよう**
>
> 　あなたは，成績評価に必要な課題レポートの提出をうっかり忘れ，期限が過ぎてしまいました。担当教員にどのように伝えたらよいか，考えてみましょう。

D：描写	
E：説明	
S：提案	
C：結論	

6.7　コミュ力が高い人は，○○が上手

　コミュニケーション能力の基本は，「話す力」だけではなく「聴く力」も大事です。**「上手く話す」よりも「上手く聴く」ことで，たとえ苦手な相手であってもコミュニケーションがとりやすくなります。**コミュニケーション力が高い人は，聴くのも上手なことが多いです。

　ここでは，「聴く力」を，ワークを通して身につけていきます。

> **👥 ペアワーク 1：「話す」も「聴く」も相互作用であることに気づこう！**
>
> 　2 人 1 組でペアになり，「話し手」「聴き手」を決めます。まず，話し手が，「1 分間の自己紹介」をしてみましょう。ただし，聴き手は，①相手を見ない，絶対に目を合わせない，②絶対にうなずかない（無反応），③無表情・無関心，で聴いてください。次に，役割を交代し，先ほどの話し手は，今度は聴き手となって，同じように①相手を見ない，絶対に目を合わせない，②絶対にうなずかない，③無反応・無表情，で聴いてください。

> **👥 ペアワーク 2：よい雰囲気を作る要因に気づこう！**
>
> 　今度は，同じペアで，「話し手」が先ほどと同じように，1 分間の自己紹介をしてみましょう。ただし，先ほどと違うのは，聴き手は，①相手と目線を合わせる，②思いきり（大袈裟なぐらいに）うなずく，③話の内容に合わせて表情豊かに・関心を持って聴く，で聴いてください。次に，役割を交代し，同じように聴いてください。

6.8　振り返り

　自分が話し手のときに，「話しやすい」など好印象を持てた要因は何だったかなど，ペアワーク 1 と 2 を終えての感想を共有してみましょう。また，ペアワーク 2 のような話し方は，普段の生活でできているでしょうか。普段の話すときの表情や目線はどうなのか，どうしたら好印象を持ってもらえそうか，振り返ってみましょう。

6.9　信頼関係構築のヒント

　アレン・E・アイビーのマイクロカウンセリング技法では，積極的な傾聴の姿勢として，次のような「かかわり行動」を示しています。

① 相手に視線を合わせる。

② 身体言語（身振り手振りや姿勢など）に配慮する。

③ 声の質（大きさ，トーン，スピードなど）に配慮する。

④ 言語的追跡をする（相手が話そうとする話題を安易に変えたりせずについて行く）。

　「何を話したか」より「どんな風に聴いてくれたか」によって，受け取る側の印象が大きく変わってしまいます。普段の生活でも，意識的に「かかわり行動」を取り入れていきましょう。

> **●コラム 8　ゴードン博士の「12 種類の『うまくいかないフィードバック』」**
>
> 　アイ・メッセージの提案者であるトーマス・ゴードン博士によると，コミュニケーションを阻む障害になる「うまくいかないフィードバック」は 12 種類あるそうです。皆さんも次の文章を読んでみましょう。
>
> 　空港で，6 歳ぐらいの女の子が「飛行機に乗るのはイヤッ！ 行きたくない。家に帰りたい」と涙ぐんでいます。この発言に対して，母親がよくやりがちな 12 種類の「うまくいかないフィードバック」は次の通りです。
>
> 1. 命令，指示「行くのよ。だから黙ってなさい」
> 2. 脅迫，警告「ぐずぐず言うのをやめないなら，もっと嫌なことをするからね」
> 3. 説教，教訓「本当にいい子は泣いたりしないし，言うことをきくものよ。おばあちゃんのところに行けるなんて，幸せなことなのよ。よろこびなさい」
> 4. 忠告，解決策「ほかのことを考えたらいいのよ。そうしたらイヤじゃなくなるから。ほら，バッグに入れたクレヨンを出して絵でも描いたらどう？」
> 5. 講義，教示，事実の呈示「おばあちゃんの家まであと三時間だけなのよ。」
> 6. 判断，避難，批判「もう，この空港で一番悪い子ね！」

7. 賞賛，ご機嫌とり「〇〇ちゃんは，いつもいい子だから！」

8. 悪口を言う，馬鹿にする「もう 6 歳なのに，まだまだ大きな赤ちゃんみたい。」

9. 解釈，診断，分析「ママを困らせようと思って！」

10. 説得，同情「かわいそうな子。旅行は本当に大変だよね。」

11. 探る，尋問「なんでそんなふうになるわけ？」

12. 引きこもり，ごまかし「ほら，たくさんの飛行機が見えるよ」

（出典：トマス・ゴードン (2002). ゴードン博士の人間関係をよくする本. 大和書房）[4]

　いかがでしょうか。皆さんも言われたり，逆に言ってしまったりしたことはありませんか？ そんなとき，皆さんはどう感じたでしょうか。言う立場のときには，思うようにいかない手に対して「困った」と腹立たしく思ったり，言われる立場のときには，心を閉ざしてしまったり，反発したりしたのではないでしょうか。ゴードン博士（2002）は，こうした「うまくいかないフィードバック」は，ときに非受容であり，**「誰かが考えていることや感じていることを理解するには，少なくともそのときそれを体験している人にとって，その思考や感情が真実であることを，聴き手がまず受け入れなければなりません」**と述べています。今回の例の場合では，6 歳の少女の「乗るのは嫌，行きたくない，帰りたい」という思考や感情を汲んだ「嫌なんだね，帰りたいって思うんだね」「飛行機は怖いんだね」といったフィードバックであれば，少女も救われたのではないでしょうか。

● 引用文献・参考文献 ●

[1] 平木典子 (2000). 自己カウンセリングとアサーションのすすめ. 金子書房.

[2] OECD (2019). PISA 2018 Results (Volume I): What Students Know and Can Do. PISA, OECD Publishing.

[3] 平木典子 (2009). 改訂版 アサーション・トレーニング ─さわやかな〈自己表現〉のために─. 日本・精神技術研究所, pp.100–103.

[4] トマス・ゴードン（著），近藤千恵（訳）(2002). ゴードン博士の人間関係をよくする本. 大和書房.

[5] 平木典子, 沢崎達夫, 土沼雅子（編著）(2002). カウンセラーのためのアサーション. 金子書房.

[6] 玉瀬耕治 (2008). カウンセリングの技法を学ぶ. 有斐閣.

[7] 福原眞知子（監修）(2007). マイクロカウンセリング技法. 風間書房.

価値観の多様性を理解する
― 自己との対話，集団との調整から自身の癖に気づく ―

　「黒猫が横切った」としたら，皆さんはどう思いますか？「縁起が悪い」と思う人もいれば，「かわいい，どこの猫だろう」と思う人もいるかもしれません。同じ経験や状況にもかかわらず，人によって，その物事への見方が違うことがあります。これは，その人それぞれの「価値観」が影響を及ぼしているからです。この章では，自分にとっての「当たり前」を意見交換するなかで，他者との違いを体感します。さらに，グループでの合意形成を実際に体験し，多様な意見に触れることで，多様性を理解しつつ自己理解を深めていきます。合意形成に至る過程では，コミュニケーション能力，積極性，協調性，論理的思考力を養いましょう。

7.1　価値観とは

　広辞苑によると，「価値観」とは，「何に価値を認めるかという考え方。善悪・好悪などの価値を判断するとき，その判断の根幹をなす物事の見方」です。冒頭の「黒猫が横切った」をどう思うかが，人によって違うように，これまでの経験や環境を通して，私たちの物事の見方や判断基準は変わってきます。今後，皆さんは，人生の様々な場面で，何かしらの行動や意思決定を行っていきます。その際に，自分自身のなかで「何に価値を認めるか」に関する考え方である「価値観」を理解した上で，行動や意思決定をしていくことがとても大切になってきます。「価値観はなりたい自分を形作り，自身の行動を測るものさしとなる（ターシャ・ユーリック，2023）[1]」からです。ところが，多くの人が，職業選択の場面では，「高校の教員になりたい」「ものづくりに携わりたい」などと，非常に抽象的で，他の人と同じような回答に留まってしまいます。エドガー・H. シャイン（2003）[2] も「仕事に対する思考，動機，価値観，そして才能についての自覚をより明瞭に理解しておけば，キャリアにまつわる将来の意思決定は，もっと容易になり，より納得のいくものとなる」と述べているように，この章では，自分に関する「自覚をより明瞭に理解する」ことを目標とします。

> **個人ワーク1：「目玉焼きワーク」（3分）**
> 　まずは，多様性を理解するためのワークをやってみましょう。皆さんは，目玉焼きをどう味つけしますか？ 自分なりのこだわりを事細かに思い出してみましょう。目玉焼きを食べない人は，「おかずがないときのご飯の食べ方」を，具体的に，細かく，思い出してみましょう。

インストラクション

目玉焼きに対する自分なりのこだわりを，より細かく，より具体的に思い出してみましょう。
（目玉焼きの焼き加減は？ ／何で味つけをするか？ ／調味料をかける量はどれぐらい？ ／調味料を
かける位置は？ ／意識していることは？ ／食べる順番は？ など）

👥 グループワーク（10分）

　グループになって，ワーク1についてメンバーと共有をしましょう。ポイントは，「自分
なりのこだわり」を，熱く，細かく，語ることです。話し手以外の皆さんは，話し手の人が
話しやすいように，興味関心を持って，ときには「どうして？」と質問をしながら聴いてみ
ましょう。皆さんの意見を聴いて，感じたことも書き留めておきましょう。

皆さんの意見を聴いて，感じたこと

7.2　多様性を理解する

　自分では当たり前と思っていた味つけや食べ方が，他の人とは全く違っていて，びっくりした人
もいたのではないでしょうか。「目玉焼きの味つけ」というごくごく些細なことでさえ，こだわり
やコツが「人それぞれ」です。ここで覚えておいてほしいことは2つあります。1つは，「**ごくご
く些細なことでさえ，自分なりのこだわりがあった**」ということです。仕事選びの場面では，「小
学校の教員になりたい」と，とかく，漠然と抽象的な表現をしがちです。目玉焼きでさえ，あれだ
けこだわりがあったのですから，仕事選びでは，もっともっとこだわりを持って，考えてほしいと

いうことです。もう 1 つ覚えておいてほしいことは，**意見の違う他者と，互いの違いを認め，補完し合うことの大切さ**です。目玉焼きワークでは，自分と違う味つけや食べ方を聞いて，「ありえない！」と思ったり，逆に周囲からそう言われたとしても，そのことで，不快に感じたり，意見の衝突といった大きな問題にはならなかったと思います。しかし，仕事や大きな選択の場面での意見の相違は，非常にストレスフルで，ときには人間関係をも壊してしまうこともあります。例えば，高校から始めたサッカーを，大学では，飲み会中心にゆるくサークル活動で楽しんでいたとします。ところが，ある日，熱心なコーチが就任し，全国大会出場を目標に，ストイックに練習のスケジュールを組み始めました。いかがでしょうか。自分はゆるくやりたいのに，ストイックさを求められると，なかなかしんどいのではないでしょうか。これは，価値観が違うために起こる不快感です。

　考えが違うと，否定したり，人によっては違いを恐れて同調したりすることもありますが，そうではなく，互いの違いを認め，互いに補完しあうことが大事です。そのためにも，まずは，自分自身の価値観をしっかりと理解し，認めることです。そうすることで，多様なバックグラウンドを持った他の人の多彩な価値観も認められるようになり，よりよいチームワークや 1 人ではできない大きなことにも挑戦できるなど，相乗効果を生むことができます。

　多様性を理解するためのプロセスを実際に体感するには，就職活動における選考の 1 つである，グループディスカッションが最適です。就職情報サイトの説明では，「グループディスカッションとは，複数人（4~8 人）の参加者がグループになって，新事業の企画や，企業が直面する課題の解決，時事問題に関して意見交換をするなど，「正解のないテーマ」を掲げて議論を行い，制限時間内に結論を出していくもの（マイナビ，2023）[3]」です。社会で働いていく上では，他者との協働や，合意形成が欠かせません。そのために，面接などでは判断できない，協調性やコミュニケーション能力，思考力や発想力，リーダーシップなどの能力をグループディスカッションで見るとされています。選考の過程では，皆さんがグループでどのような役割を果たし，どれだけグループに貢献できるのかもチェックされます。

7.3　コンセンサスと合意形成

　「コンセンサス」とは，英単語の「consensus」から来ているカタカナ語です。一般的には，複数の人やチーム内での合意・同意の意味で使われています。単に合意（個々人の agree）してもらうだけではなく，チーム全体の合意（コンセンサス）では，とかく多数決など，少数意見をないがしろにしてしまう場面も少なくありません。一方で，コンセンサスに向けての「根回しや交渉」をじっくり行っていくと，相互に納得感や信頼関係が生まれ，チームビルディングにつながっていきます。つまり「コンセンサス（複数人の合意）」という結論に向けての，「根回しや交渉」の過程が「合意形成」です。単なる合意（agree）ではなく，チーム全体の合意（コンセンサス）に向けて，意見の一致を目指すことでチーム力を高めていくには，自身の意見もアサーティブ（第 6 章）に伝えつつ，他者の多様な意見を否定せずに尊重することがポイントになってきます。この章では，実際にコンセンサスをとる過程で，集団のなかでの意見の相違と調整から多様性を理解するだけではなく，グループ内における自身の癖に気づくといった自己理解をも深めていきましょう。

👤 個人ワーク2：コンセンサスゲームに取り組んでみよう

コンセンサスを理解するためのグループワークです。与えられた課題に対して，グループ内で共有し，解答のコンセンサスがとれたら，チームごとに発表します。様々な価値観や意見を持つ者同士がチームとなって物事を考えることの難しさや，異なる意見をまとめていくプロセス（合意形成）を体感することを目的としています。以下のQRコード* からアクセスして，「NASAゲーム」のワークシートをダウンロードしましょう。

合意形成のポイント

- **目的の明確化（課題の定義）と共有で，ベクトルを合わせる**

  「何を目的とするか」をまずは明確化しましょう。例えば，「大学祭を成功に導く」をテーマに議論する場合に，「出店の売り上げを伸ばす」目的と，「多くの人に大学祭開催を知ってもらう」目的では，おのずと議論の内容が異なってきます。そのため，「何を目的とするか」を共有した上で議論を進めていく必要があります。

- **理由を伝えることで，説得力アップに**

  ただ「こう思います」と結論だけを述べるのではなく，「なぜそう思うか」を伝えることで，他のメンバーの納得につながります。また，具体的に説明をしていくことで，自身の思考の矛盾に気づいたり，他のメンバーにとっては，新たなアイデアを生むきっかけになったりすることがあります。

- **すべてのメンバーからアイデアを引き出す**

  自身の発言時に理由を言うだけではなく，他者の発言時にも，「なぜそう思うか」「具体的には」とその理由に耳を傾け，「誰もが発言しやすい雰囲気を作る」ことは重要です。すべてのメンバーから多彩な意見を出してもらうことで，より成熟した結論を導き出せます。

- **発言は否定せず，受容する**

  意見が異なる場合でも，決して否定せず，「なぜそう考えるのか」も聞いてみましょう。理由も聞かず，鵜呑みにするのも決してよいとはいえません。興味関心を持って聞くことで，「そういう考えもあるのだ」と，意見の異なる他者のアイデアも取り入れることができ，より充実した結論になります。

テキストp.14の「グループワークで，自己理解をより深める（促し）のためのヒント」を参考に，すべてのメンバーの意見をしっかりと聴き，よりよいアイデアにつなげましょう。

👥 グループワーク（15 分）

　答え合わせを終えた後で，グループでの合意形成をする上で難しかった点と，どのように合意形成をしていったらよいかを，グループメンバーと共有をして，下の欄に記入しましょう。

グループでの合意形成をする上で難しかった点	
どのように合意形成していったらよいか	

👤 個人ワーク 3（5 分）

　自分の意思決定の際の癖や，グループ内での自分自身の役割やふるまいについて，グループワークでの自分はどうか，また合意形成により貢献するためには，どうしたらよいかを書いてみましょう。

グループでの合意形成をする上で難しかった点	
どのように合意形成していったらよいか	

7.4 まとめ

　普段は，自分の意見をしっかり言える人であっても，コンセンサスを得ることや，合意形成をしていくことに，難しさを感じる人は少なくありません。それぞれ異なった価値観や文化を持つ他者と，相手の考えや意見を否定せず，調整をしていくには，合意形成に向けた自身の向き合い方の他，コミュニケーションのアプローチを変えてみるという方法もあります。「難しい」「上手くまとまらない」とマイナスに捉えるのではなく，「ディスカッションを通して，より相手のことが知れた」「多様な意見で，視野が広がった」と前向きに捉えてみましょう。結果ありきではなく，合意形成のプロセスを楽しむことで，世界が広がるかもしれません。また，この章では，「目玉焼きワーク」を通して，些細なことでさえ，他者とは違う，自分なりのこだわりがあることに気づきました。他者の意見を否定せず，理解すること，さらには，意見の異なる他者との関係構築を目指していくことで，皆さんの人生はより充実したものになっていくのではないでしょうか。

●コラム9　誰でも論理的に！ PREP 法

　自分の言いたいことを論理的に伝える方法に「PREP（プレップ）法」があります。PREP 法とは，まず① Point：結論や要点を述べて，次に② Reason：結論や要点の理由を述べ，③ Example：理由を裏づけるような実例・具体例を挙げて，最後にもう1度④ Point: 結論を繰り返してまとめるという発言の仕方です。英語の頭文字をとって PREP 法といいます。この方法で話すと，伝えたいことが相手にスッと入っていきます。それはとても論理的な構造になっているからです。

　このときのコツは，接続詞を覚えておくことです。最初の P は「1番言いたいことは」です。これは心のなかで唱えましょう。その後，結論や主張したいことを言いましょう。それを言い終わったら「なぜなら」とか「その理由は」と実際に声にしてみましょう。そうすると，発言した自分もその理由に意識が生きますし，聞いている人もそこに関心が向きます。その後，理由を話してください。理由が複数ある場合は「2つあります」とか「3つあります」，数が不安であれば「いくつかあります」でもよいでしょう。理由を言い終わったら，「例えば」と声にします。実例や具体例を挙げてください。結論や理由と関連する自分の体験かもしれませんし，世の中の出来事かもしれません。ここまで来たら最後に「したがって」あるいは「つまり」と言って，最初に言ったことをもう1度伝えましょう。ここまで話してくると，多少最初に言ったときよりも，より正確に，わかりやすく表現できるようになっていることがよくあります。伝えたいことが同じであれば多少表現が変わっても構いません。

　PREP 法は，面接場面やゼミや会議で意見を述べる際にも役立ちます。対話だけでなく，文章を書く際，特に論文やレポートなど論理的な文章を書く際に大いに役立ちます。日ごろから活用してみましょう。

Point	結論	（1番言いたいことは）「〜です」
Reason	理由	**「なぜなら，〜だからです」，「その理由は** 3つあります。1つ目は〜。2つ目は〜，…です」
Example	実例・具体例	**「例えば，〜です」**
Point	結論（まとめ）	**「したがって／つまり，〜ということです」**

● コラム 10　グルディスで勝ち組になる

　グループディスカッションを成功に導いていく上では，いくつかのポイントがあります。そのうちの 1 つである「ポジショニング」をご紹介します。吉田 (2014) [4] は，サッカーにおけるフォワード，ミッドフィルダー，ディフェンダーなどのポジショニングと同様に，グループディスカッションでも 3 つの役割があると述べています。「ナビゲーター」「サプライヤー」「オーディエンス」です。吉田によると，それぞれのポジショニングは，次の通りです。「ナビゲーター」は「問いを創る人」です。「ナビゲーター」は，話し合いのテーマの前提となっている条件をすべて明確にしていく「前提確認」と，参加者が意見を出しやすいように，手ごろな質問をしたり，話題提供をするといった「論点設定」をすることで，「骨組み」を作る重要な役割を果たします。「サプライヤー」は「ナビゲーター」の問いに対して，「答える人」です。具体的には，「〜というのはどうだろうか？」といった「仮説立案」と「情報提供」を提供することで，議論を豊かに「発散」させる役割です。「ナビゲーター」の「骨組み」に対し，「サプライヤー」が「肉づけ」し，「オーディエンス」が「味つけ」「盛りつけ」を担っていきます。具体的には，「内容整理」と「内容評価」といった「いじり役」をしながら，議論を「収束」させていきます。ただし，こうした役割を，野球のように完全に分業するのではなく，サッカーのようにその場のメンバーや流れに応じて，柔軟にこなしていくことが大事です。日常会話を思い出してみましょう。「問いを創る人」「問いに答える人」「答えをいじる人」の 3 つの役割で話をしていることは，意外と少なくないです。こうした役割や構造といった視点で見てみることで，ハードルを低くしてみたらどうでしょうか。

　参考：吉田雅裕 (2014). 東大生が書いた議論する力を鍛えるディスカッションノート. 東洋経済新報社より

● **引用文献・参考文献** ●

[1] ターシャ・ユーリック (2019). insight(インサイト)──いまの自分を正しく知り，仕事と人生を劇的に変える自己認識の力. 英治出版.

[2] エドガー・H. シャイン，金井壽宏（訳）(2003). キャリア・アンカー ─自分のほんとうの価値を発見しよう─. 白桃書房.

[3] マイナビ 2024. グループディスカッションとは.

[4] 吉田雅裕 (2014). 東大生が書いた議論する力を鍛えるディスカッションノート. 東洋経済新報社, pp.53-67.

[5] ハーバード・ビジネスレビュー編集部 (2019). セルフ・アウェアネス. ダイヤモンド社.

熱中できる仕事とは？

— 職業興味の明確化 —

> 将来，仕事に就くことを考えると，大変そうだと思う人は多いのではないでしょうか。どうせ仕事をするなら，少しでも面白いと感じる仕事，熱中できる仕事の方がよくはありませんか。社会人のなかには，単にお金を得るためだけではなく，仕事にやりがいを感じて意欲的に仕事をしている人が実際にいます。その人たちは，どうしてそんな風に働くことができるのでしょうか。それは，その人がもともと持っている「面白いと感じるもの／こと」が，その仕事を通じて感じられるからです。皆さんにも，「面白いと感じるもの」があるはずです。それが仕事を通じて得られるなら，仕事に熱中することができるはずです。それをこの章を通じて調べてみましょう。

8.1　職業選択と仕事の満足感

人は 1 日 8 時間くらい働きます。やや大げさですが，人は人生の 3 分の 1 を仕事に費やしているといえます。その仕事が辛くつまらない時間だとしたら，人生は何ともったいないことでしょうか。「生活費のために自分を犠牲にして働いている」と考える人は少なくありません。確かに，お金がないと生きていけませんから，必要最小限の収入を確保することから逃げられないかもしれません。でも，もし働くことが楽しい，充実している，働きがいがあると感じられたら，それは素晴らしいことではないでしょうか。もちろん実際の仕事は楽しいことばかりではなく，辛いこともあります。そのなかであっても，自分の興味・関心のある職業や職務に就いている方が頑張れるものです。

自分の職業に対する興味・関心（以下，職業興味）を自覚しておくと，職業選択をする際にも役立ちますし，就職後も仕事の仕方を自分でコントロールすることもできます。なんといっても，職業興味は，**仕事に対するモチベーションの源泉**になっています。仕事を意欲的に行うためには職業興味の自覚は不可欠です。

ところで，仕事に取り組む意欲には「満足要因」と「衛生要因」の 2 種類あるといわれています（ハーズバーグの二要因論，図 8.1）。満足要因はよい感情を持続しやすく，衛生要因は悪い感情を引きずりやすいという特徴があります。**満足要因**とは，得られることによって仕事の満足度が上がる要因で，「達成」「承認」「仕事そのもの」「責任」「昇進」などがあります。例えば，責任を果たすことによって生じる「よい感情」は比較的長く続きますが，責任を果たせないことによって生じる「悪い感情」は長続きしない，ということを意味します。一方，**衛生要因**とは，得られないことによって仕事に不満足を引き起こす要因で，「会社の政策と経営」「上司のマネジメント」「給与」「上司との人間関係」「労働環境」などがあります。これらが不足すると強い不満足を引き起こします。反対に，これらが充実していても仕事に満足感は得られません。

私たちは「自分にとって不都合なものはなるべく避けたい」という**防衛本能**が働きますから，衛

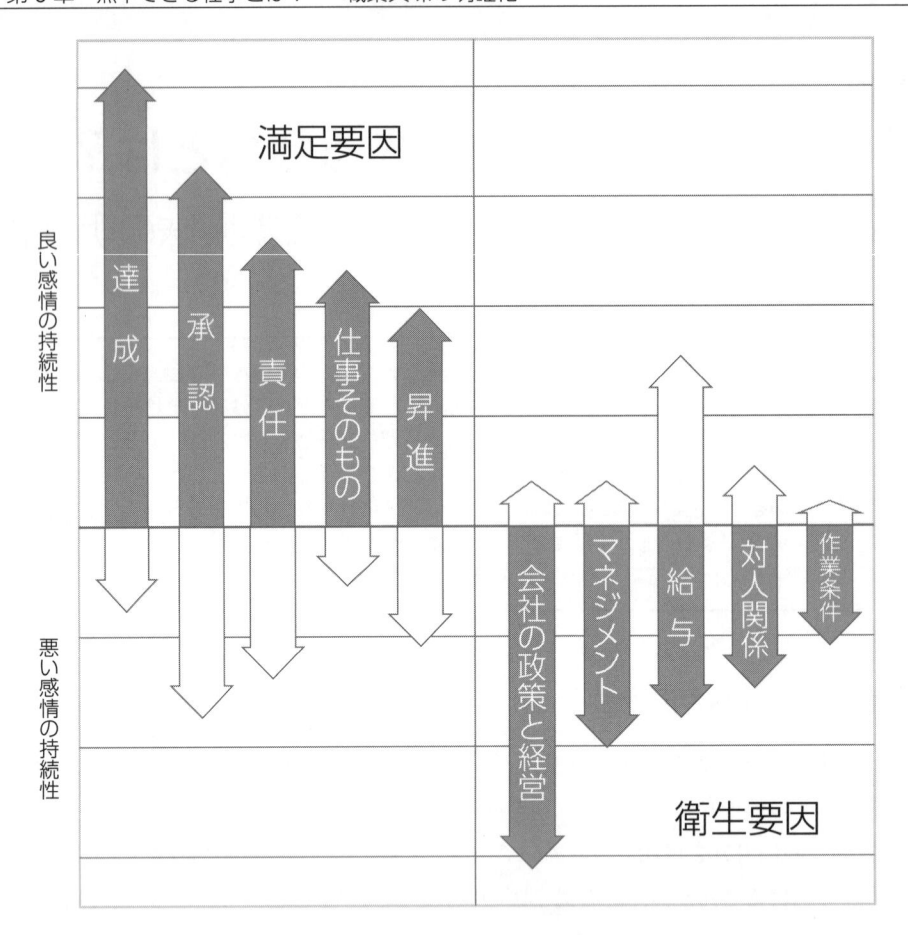

図 8.1　仕事の満足要因と衛生要因
（F・ハーズバーグ (1968) をもとに筆者が作成）[1]

生要因を優先して考えがちです。例えば，勤務地の近さや休暇のとりやすさ，給与のよさなどの労働条件などです。これらが整っていれば不満は生じにくいのですが，一方で満足感にはつながりにくいのです。衛生要因だけで就職した場合，入社当初は確かに不満が少ないですが，1〜3 年も経つと仕事のつまらなさや悪い面ばかりが気になり始めます。衛生要因だけに注目している間は転職してもこれは解決しません。反対に，衛生要因で問題があったとしても，満足要因がしっかり得られていれば仕事の面白さが感じられて問題はあまり気になりません。したがって，満足要因もしっかり見据えて将来の職業選択をすることが大切です。なお，図 8.1 に示す満足要因が必ずしも皆さん 1 人ひとりにとっての満足要因であるとは限りません。そこで，自分にとっての満足要因は何かを理解することが重要になってきます。

8.2　職業興味の効能

　自分の職業興味を理解することは，キャリア形成や自己成長をする上でとても重要です。なぜなら，仕事で成功する可能性が高いからです。好きな仕事の方が楽しいですし，好きだからこそ能力を伸ばそうとします。簡単にあきらめることもありません。能力を伸ばし，継続的に努力すること

によって，熟達して，高い成果を上げることができるのです。

　職業興味は仕事に対する意欲・モチベーションの源泉です。その仕事に興味を持ち，ある程度の技能の高さが伴うと「フロー状態」が得られます（スポーツで「ゾーンに入る」というのと似ています）。チクセントミハイ（1996）[2] は，人がある仕事に完全に没頭して集中し，その仕事に満足感や充実感を感じる心理状態のことを「フロー（flow）」と呼びました。その間，周囲のことは全く気になりませんし，時間があっという間に立ったという体験をするといいます。皆さんにも，好きな趣味に没頭しているときにこのような状態になった経験があるのではないでしょうか。職業興味を注ぐことができる仕事では，仕事においてもフロー状態が生じやすいのです。フロー状態になるには，以下の 3 条件が必要だといわれています。

1. 明確な目標
2. 達成可能な課題
3. 取り組み自体に喜びや達成感がある活動

　3 番目の条件はまさに職業興味が関わっています。フロー状態は，頻繁に体験することではありませんが，仕事をする上で理想の状態だといえます。その 1 つの条件として職業興味と一致した仕事を選択することが必要なのです。

8.3　職業興味を知る

　職業興味についての第一人者であるホランド（Holland, J. L.）は，職業興味には 6 つのパーソナリティ・タイプがあることを示しました（表 8.1）。そして，この 6 つのタイプは六角形上に位置づけると，隣接するものほど類似性が高い関係にあるということがわかっています（図 8.2）。これは，ホランドの六角形とか RIASEC（リアセック）と呼ばれます。ホランドが実際にデータに基づいて発見した法則です。

表 8.1　パーソナリティ・タイプ
（ホランド (2013) をもとに筆者が作成）[3]

タイプ	特徴
現実的 Realistic	物，道具や機械，動物などを対象とした，明確で，秩序だった，かつ体系化された操作を伴う活動を好む
研究的 Investigative	物理学的，生物学的，文化的諸現象を，実証的，抽象的，体系的および創造的に研究する活動を好む
芸術的 Artistic	芸術的作品の創造を目的とした，物理的素材，言語的素材，あるいは人間自身などを巧みに扱うことが必要な，あいまいで，自由で，体系化されていない活動を好む
社会的 Social	他者に影響を与えるような，情報伝達，訓練や教育，治療や啓蒙のような活動を好む
企業的 Enterprising	組織目標の達成や経済的利益を目的とした他者との交渉を伴う活動を好む
慣習的 Conventional	資料を系統的，秩序的，体系的に扱うことを必要とする活動を好む

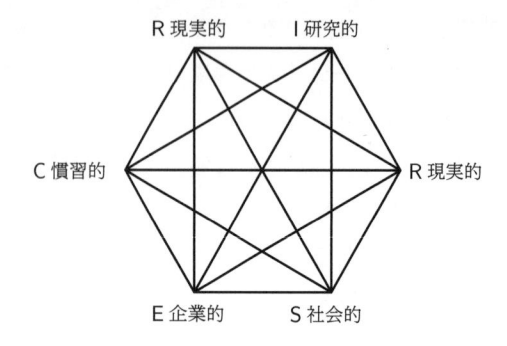

図 8.2　パーソナリティ・タイプ間の相互関係
（ホランド (2013) をもとに筆者が作成）[3]

👤 **個人ワーク 1：職業興味のチェック**

　では，あなたの職業興味（パーソナリティ・タイプ）について調べてみましょう。「表 8.2 職業興味チェックシート」を用いて自己評価してみましょう。

インストラクション

表 8.2 の項目について，「興味があるかどうか」を 5 段階で自己評価し，右側の白い枠のなかに点数を記入してください。最後に，得点を縦方向に合計して最下の枠に合計値を記入してください。

　　全く興味ない，（1 点）　　　少し興味がある，（2 点）　　　ある程度興味がある，（3 点）
　　とても興味がある，（4 点）　非常に興味がある（5 点）

回答上の留意点：あくまであなたの興味・関心の程度に注目して答えてください。「得意である」，「能力がある」こととは別です。よい・悪いはありません。あくまでも自分自身を確認するためですから，質問項目に対して正直に答えてください。

チェック結果を下のレーダーチャートに記入してください。

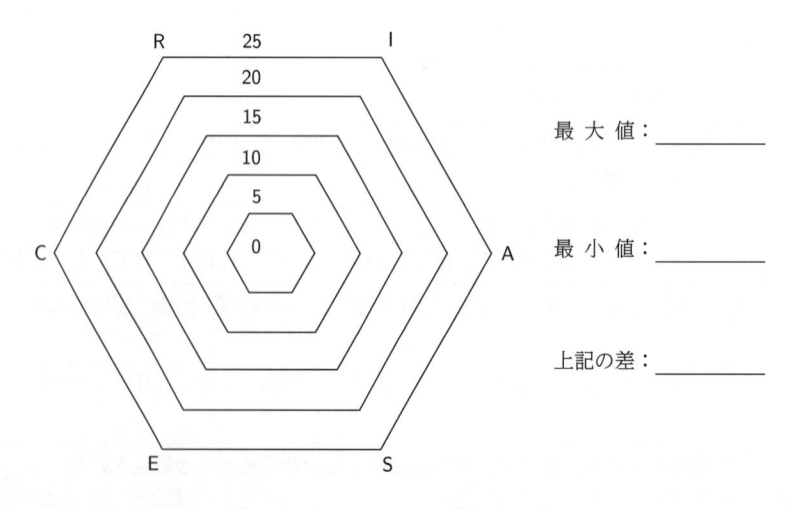

図 8.3　パーソナリティ・タイプのレーダーチャート

表 8.2 職業興味チェックシート

(厚生労働省 (2020) をもとに筆者が作成) [4]

	R	I	A	S	E	C
Q1. 工事現場で，ブルドーザーやクレーンを運転する		-	-	-	-	-
Q2. 大学や研究所で，科学の研究をする	-		-	-	-	-
Q3. 雑誌やパンフレットなどにイラストをかく	-	-		-	-	-
Q4. 患者の体温や血圧を測ったり，入院患者の世話をする	-	-	-		-	-
Q5. 社長として，会社の経営の仕事にあたる	-	-	-	-		-
Q6. 文字や数字を，書類に正確に記入する	-	-	-	-	-	
Q7. 自動車のエンジンやブレーキを調べて，修理する		-	-	-	-	-
Q8. 新しい薬を開発する	-		-	-	-	-
Q9. テレビドラマや映画のシナリオを書く	-	-		-	-	-
Q10. 家庭を訪問して，お年寄りや体の不自由な人の世話をする	-	-	-		-	-
Q11. 店長として，商品の仕入れや販売方法を工夫し，売上を伸ばす	-	-	-	-		-
Q12. 帳簿や伝票に書かれた金額の計算をする	-	-	-	-	-	
Q13. 木材を加工し，組み立てて，家を建てる		-	-	-	-	-
Q14. 新しい理論を考えて，調査や実験でそれを確かめる	-		-	-	-	-
Q15. 洋服やアクセサリーのデザインをする	-	-		-	-	-
Q16. 保育園で乳幼児の世話をしたり，いっしょに遊んだりする	-	-	-		-	-
Q17. 自分の店を経営する	-	-	-	-		-
Q18. 文字や数字を，コンピュータに入力する	-	-	-	-	-	
Q19. 部品を組み立てて機械を作る		-	-	-	-	-
Q20. 環境をよくするために大気や水の汚れを測定し，分析する	-		-	-	-	-
Q21. 人物や風景，物の写真を撮り，雑誌やポスターに発表する	-	-		-	-	-
Q22. 悩みを持つ子どもやその家族からの相談にのり，援助する	-	-	-		-	-
Q23. 流行しそうな商品を仕入れ，売り出しの方法を考える	-	-	-	-		-
Q24. 従業員の毎月の給料を計算する	-	-	-	-	-	
Q25. 飛行機が安全に飛べるように，点検や整備をする		-	-	-	-	-
Q26. 農業試験場で，農作物の品種改良の研究をする	-		-	-	-	-
Q27. 家具や照明など，部屋のインテリアのデザインをする	-	-		-	-	-
Q28. ホテルで，宿泊客の受付や，案内などのサービスをする	-	-	-		-	-
Q29. 客を集めるため，広告や催し物などを企画する	-	-	-	-		-
Q30. 会社で書類のコピーをとったり，電話の取次ぎをする	-	-	-	-	-	
	R	I	A	S	E	C
合計						

結果の見方

　上位 3 位のパーソナリティ・タイプがあなたの職業興味を表します。上位 1 位～3 位でできる 3 つのアルファベット（例：RIA，SAE など）のことをホランド・コードといいます。実は，ホランド・コードがわかると適職がわかるようになっています。詳細を知りたい場合は，厚生労働省が運営している「Jobtag（ジョブタグ）」（職業情報提供サイト日本版 O-NET https://shigoto.mhlw.go.jp/User/）で受検してみてください。

　本書では，どの職業に向いているかというよりも，本当に自分はその職業興味が強いのかを確認して自己理解を深めていきます。

👤 個人ワーク 2：興味のある雑誌・TV 番組・Web サイト

　ワーク 1 の職業興味をさらに検証してみましょう。次の 3 つの質問に答えて，「表 8.3 興味あるもの確認シート」に記入してください。

Q1. あなたが定期的に読んだり見たりする雑誌，テレビ番組，ウェブサイトは何ですか？ 3 つ挙げてください。

Q2. それらはそれぞれどのようなもので，どのようなところが好きですか？

Q3. 挙げた 3 つは，ホランドの 6 つのパーソナリティ・タイプ（RIASEC）のどれに相当しますか？ 表 8.1 を参照して判断してください。

　はたして個人ワーク 1 と個人ワーク 2 のホランド・コードは一致したでしょうか。おおむね同じであればおそらくそれがあなたのホランド・コードといってよいでしょう。もし，異なっている箇所があるならば，個人ワーク 2 を再検討してみましょう。自分の実感に従う方が正しく自己理解できると思います。

表 8.3　興味あるもの確認シート

Q1. 興味のある雑誌・TV 番組・ウェブサイトなど	Q2. どのようなもので，どんなところが好きですか？	Q3. RIASEC のどれ？
1		
2		
3		

表 8.4　主な職種の業務内容

(出典：杉山崇, 馬場洋介, 原恵子, 松本祥太郎 (2018). キャリア心理学ライフデザイン・ワークブック. ナカニシヤ出版) [5]

職種	主な担当業務
営業職	自社が扱う商品やサービスを顧客に購入してもらう
調査・企画職	市場動向を把握して，新しい商品やサービスを考案する
事務職	組織が内外で円滑に機能するために必要な事務手続きを担う
クリエイティブ職	消費者や顧客に発信するコンテンツなどのデザイン・編集を行う
IT 系エンジニア職	社内および顧客のコンピュータシステムを企画・立案・管理する
生産・品質管理職	信頼できる商品やサービスを送り出せるように管理する
研究（開発・設計）職	新製品・サービスの開発に向けた，基礎研究を行う
建築・土木（設計）職	建物の設計・建築を担当する
金融関連職	資産運用や管理をサポートする
流通・サービス（販売）職	商品・サービスを消費者に届ける
専門職	資格や専門的な知識で個人や組織をサポートする

　なお，世の中には，様々な業界・職業・職種がありますが，実際に行う仕事の種類は「職種」と捉えることができます。代表的な職種を表 8.4 に示します。自分のホランド・コードから考えると，どの職種に興味が湧きますか？ 考えてみてください。

8.4　職業興味を発達させるには

　職業興味は，生まれ持っての才能に加えて，育ってきた環境と経験によって形成されます。ワーク 1 のチェック結果の最大値と最小値の差が大きい場合は，職業興味が明確になっている状態です。様々な経験を通して確立された結果といえます。もし，RIASEC 間であまり差がなかった場合は未確立の状態です。全体的に高い／低い状態も未確立といえます。未確立の場合は，なるべく多くの活動の場に参加しながら，自身の興味領域を探っていきましょう。本当に興味を持てる領域や活動は何か，様々な活動の場に身を置いてみることです。もし，その場が気に入らなければ，別の興味・関心が持てる場に変えてみることです。これを繰り返すことによって，人は職業興味を確立させて能力や自己概念も発達していきます。自分の興味・関心について見当がつかない人ほど，多種多様な活動場面に参加してみてください。

> ### 👥 グループワーク
>
> 1. 各自，個人ワーク 1 と個人ワーク 2 の結果について感じたこと考えたことをいくつかメモしましょう。
> 2. さらに，自分の職業興味を発達させるために，どんな行動をとるべきか，どんな場に身を置くかをいくつか列記してみましょう。
> 3. グループになって，上記 1，2 について共有しましょう。
> 4. 最後に，グループで話をしてみて，あるいはメンバーの話を聴いていて，気づいたこと考えたこと，思いついたことがあれば各自メモをしましょう。

メッセージ

　興味のあることを仕事にすることはいいことですが，与えられた職責を果たすことも重要なことです。職業とは，誰かのサービスを与えられるのではなく，製品やサービスを提供する立場にいるからです。その責任を果たさなくては仕事が成り立ちません。若者には「やりたいこと志向」という「やりたいことを中心に職業を選択する意識や態度」があるといわれています（高橋，2018）[6]。このとき，「やりたいことのみして，やりたくないことは一切しない人」（排他的やりたいこと志向）は，キャリア形成に行き詰まることがわかっています。一方，「やりたいこともするし，そうでないことも引き受ける人」（受容的やりたいこと志向）はキャリア形成を伸ばしていきます（高橋，2018）[6]。やりたいこともやるべきことも引き受けていく姿勢を持って，将来の職業を検討していってください。

● 引用文献・参考文献 ●

[1] F・ハーズバーグ，北野利信（訳）(1968). 仕事と人間性―動機づけ―衛生理論の新展開. 東洋経済新報社.

[2] M・チクセントミハイ（著），今村弘明（訳）(1996). フロー体験 喜びの現象学. 世界思想社.

[3] ホランド（著），渡辺三枝子・松本純平・道谷里恵（訳）(2013). ホランドの職業選択理論. 雇用問題研究会.

[4] 厚生労働省 (2020). 職業興味検査，job tag（職業情報提供サイト（日本版 O-NET））.

[5] 杉山崇，馬場洋介，原恵子，松本祥太郎 (2018). キャリア心理学ライフデザイン・ワークブック. ナカニシヤ出版.

[6] 高橋浩 (2018).「やりたいこと」志向の二側面とキャリア発達との関連. 産業カウンセリング研究，19(2), pp.83–95.

働きがいって何だろう？
― 自己認識力とキャリア・アンカーから「働く」を考える ―

「ワーク・エンゲイジメント」とは，「仕事に関連するポジティブで充実した心理状態として，『仕事から活力を得ていきいきとしている』（活力），『仕事に誇りとやりがいを感じている』（熱意），『仕事に熱心に取り組んでいる』（没頭）の 3 つが揃った状態（厚生労働省，2019）[1]」です。このように「仕事に誇りとやりがいを感じ，熱心に取り組み，仕事から活力を得て，いきいきとしている」というワーク・エンゲイジメントの高い状態が，働く方にとって「働きがい」のある状態であるとしています（厚生労働省，2019）[1]。では，どんな仕事でも，働きがいを感じられるのでしょうか。この章では，仕事に対する自身の価値観を探ることで，自分にとっての「働きがい」を考えていきましょう。

9.1 働きがいの見つけ方

野村総合研究所（2023）[2] の調査では，「働く人において，今の仕事の満足度が高いほど，普段の生活の幸福度が高い」ことや，今の仕事の満足につながるのは，「働きやすさ」よりも「働きがい」であることが示されています。では，「働きがい」は，どのようにして見つけることができるのでしょうか。「働きがい」は，「仕事に誇りとやりがいを感じ，熱心に取り組み，仕事から活力を得て，いきいきとしている」状態であることから，まずは，「自分は何にやりがいを感じるのだろうか」「どのような仕事や環境だと，熱心に取り組めるのだろうか」を知ることが大事になってきます。この章では，「どう働くか」を考える上で非常に重要な，自己認識力という考え方と，キャリア・アンカーという理論を学んでいきます。

● コラム 11　内的キャリアと外的キャリア

内的キャリアとは，経験・体験・学習を通じて成長している「自分の内面」，具体的には，能力・興味・価値観・特性・信条などのことです。それに対して，外的キャリアとは，経験・体験・学習してきた事柄，例えば，経歴・学歴・役職・職業などといったものです。就職活動では，つい，名前の知れた大手企業といった条件面での「外的キャリア」に目を向けがちです。ところが，実際働いてみると，「思っていたのと違う」などの理由から，働きがいを失ってしまうこともあります。一方で，「内的キャリア」ばかり重視してしまうと，現実的な仕事と自身の理想との大きな乖離を感じてしまうかもしれません。外的キャリアと内的キャリアをどちらか一方に偏るのではなく，バランスよく見ていくことで，働きがいにつなげていきましょう。

9.2 自己認識力という考え方

このテキストの後半で，私たちを取り巻く環境は大きく変化していることや，人生 100 年時代においては，未来の自分を考えていく大切さを学んでいきます。この人生 100 年時代に"どう働くの

か”を考える上で，セルフ・アウェアネスは非常に重要であるとされています（中原，2019）[3]。これまで，皆さんは本書で「自己理解」を様々な視点から深めてきました。自己理解とは，「自分のことを知ること」です。セルフ・アウェアネスとは，自己理解に加え，「他人からどう見られているかを理解」までも含んでいる概念であり，「自己認識」ともいいます。この「自己認識」は相反する様々な定義があるため，アメリカの組織心理学者であるターシャ・ユーリック氏は，下記の通り，2 つのカテゴリーに整理しました。

---

2 つの自己認識（ターシャ・ユーリック，2019）
【内的自己認識】自分の価値観，情熱，野望，理想とする環境，行動や思考のパターン，リアクション。
【外的自己認識】外の視点から自分を理解すること。周りが自分をどう見ているかを知る力。

　就職活動では，「自分の強み」などを自己分析することが一般的ですが，これは，「内的自己認識」の深掘りともいえます。一方，「周りが自分をどう見ているかを知る力」である外的自己認識は，ほとんど意識されていません。こうした，内的自己認識に偏った状況では，「自分はもっとうまくやれる」と自信過剰になるか，あるいは，「どうせ自分には無理だ」と自信過少になってしまい，本人にとっても周りにとっても，あまりよい結果にならないと，中原（2019）[3] は指摘しています。

　自己理解だけでなく，内的自己認識・外的自己認識を意識することで，自身の幸福度や仕事の生産性，対人力の向上につなげていきましょう。

👤 個人ワーク 1：「7 つの柱」から自己認識を高めよう
　自己認識を高めるためには自分の価値観を 7 つの視点からインサイト（自己洞察）することが最初のステップです。下記の 7 つの柱に対しての自身の考えを整理してみましょう。

---

7 つの柱	構成要素	自分の考えを書いてみよう
価値観	自分の行動指針となるキーワード	（例）決めたことは必ず成し遂げる／常に謙虚でいるなど
情熱	好きなことや，愛を持っておこなうもの	

願望	本当は人生に何を求めているか（人生をかけて体験したいことや，成し遂げたいこと）	
環境（フィット）	自分がフィットする場所，自分が幸せで存分に力を尽くせる環境	
性格（パターン）	自分のよくあるパターン（あらゆる状況でみられる思考や，感情や，行動の一貫した傾向）	
能力（リアクション）	強みや弱みが表れる思考・感情・行動	
影響（インパクト）	自分の行動が周りにどう受け止められるか	

（ターシャ・ユーリック (2019) より筆者が作成）[4]

9.3　日々行ってほしいこと

　大切なことは，日々インサイト（自己洞察）することと，7 つの柱すべてにとって，自己認識の内的および外的の両方の視点を持つことです。例えば，ある人の「性格（パターン）」は，「タスクが重なると，ちょっとしたことでもイライラしてしまう」というものでした。これを内的の視点から見つめることができていると，イライラしたときに「色々と抱えすぎているかもしれない」と気

づくことができます。それによって，締切を調整したり，やるべきことの一部を誰かに頼んだりすることで，イライラを回避することができるようになります。また，外的の視点を意識すると，「いつもイライラしていると思われる」のは心外だとして，自身の言動を顧みるといった前向きな言動につながっていきます。このように，7 つの柱を日々自己洞察し，内的・外的の視点から振り返ることで，自分自身をコントロールすることができ，成長へとつながっていきます。

9.4　キャリア・アンカー

キャリア・アンカーとは，「どうしても犠牲にしたくない，コンピタンスや動機，価値観」について，自分が認識していることが複合的に組み合わさったものです（エドガー H. シャイン, 2003）[5]。アメリカの組織心理学者 Edgar H. Schein は，キャリア・アンカーを「どうしてもこれだけはあきらめたくないと思うきわだって重要な領域」として，8 つに分類しました。自分のキャリア・アンカーを知ることで，キャリアに関する意思決定がより容易になり，仕事に関する不満を避け，より納得のいく人生になっていくとされています。ただし，キャリア・アンカーは職種を決めるものでは決してなく，あくまでも，自分自身の仕事に対する軸を知ることであることを留意してください。

① **専門・職能別能力（Technical/Functional Competence）**

　自分の才能を発揮し，専門家（エキスパート）であることを自覚して満足を覚える。

② **経営管理能力（General Menagerical Competence）**

　組織の段階を上り，責任ある地位につきたいという強い願望を抱いている。

③ **自律・独立（Autonomy/Independence）**

　自分のやり方，ペースなど，組織のやり方ではなく，自分のやり方で仕事ができることに価値を置く。

④ **保障・安定（Security/Stability）**

　安全で確実であり，将来の出来事を予測ができ，ゆったりとした気持ちで仕事ができるキャリアを希望する。

⑤ **起業家的創造性（Entrepreneurail Creativity）**

　新しい組織，製品，サービスを創造する意欲を持つ。自身の努力の結果としてそれが成功したことを認識し，財を成すことに強くひかれる。

⑥ **奉仕・社会貢献（Service/Dedication to a Cause）**

　何らかの形で世の中をよくしたいという欲求に基づいてキャリアを選択する。医療，看護，教育，聖職者などはこのアンカーを持っている可能性が高い。

⑦ **純粋な挑戦（Pure Challenge）**

　このアンカーを持つ人が定義する「成功」は，不可能を可能にすることであり，より困難な問題に直面するような仕事を探していく傾向がある。

⑧ **生活様式（Lifestyle）**

　個人のニーズ，家族のニーズ，キャリアのニーズを統合する柔軟な働き方（フレックスタイム，在宅勤務など）ができるキャリアを志向する。

> #### 👤 個人ワーク2
>
> 　以下の3つの視点にあてはまりそうなものを，表9.1のキャリアワードから選んで○で囲ってください。
>
> ① 何が得意か（才能と能力）。
>
> ② 何をやりたいのか（動機と欲求）。
>
> ③ 何をやっている自分が充実しているか（意味と価値）。

表9.1　キャリアワード

アンカー	キーワード
専門・職能別能力	専門分野，専門性の強化，専門家，より高いスキル，第一人者，技術面で頼られたい，才能，プロフェッショナル，スペシャリスト，専門的な知識，その未知のプロ，このことならあいつに聞けと言われたい
経営管理能力	管理職，マネジャー，社長，トップ，取締役，役員，昇進，権限，パワー，権力，リーダーシップ，マネジメント，経営管理，業績，監督，ゼネラルマネジャー，肩書き，序列，出世，自分専用のオフィス，秘書や社用車
自律・独立	自由，自立，自律，独立，自分のペース，自分なりの考え，自分らしさ，自由度，裁量範囲，オリジナル，規則に縛られたくない，自由裁量
保障・安定	安全，安定，手堅い，着実な，パターン化，慣れた，リスクの少ない，習慣的な，確実な，保証された，終身，忠誠心，変化の少ない，前例がある，手順
企業的創造性	起業，創業，事業を起こす，創意工夫，ビジネスチャンス，自分の力を試す，新しいこと，創造，オーナー，新規事業，プロジェクトの立ち上げ，起業家，ビジネスプラン
奉仕・社会貢献	人のため，世のため，社会のため，人類のため，奉仕，役に立つ，多くの人に感謝，貢献，世の中に尽くす，価値観，価値の実現，援助，支援，自分の理想
純粋な挑戦	挑戦，克服，競争，達成，打ち勝つ，ライバル，障害を乗り越える，不可能を可能にする，勝ちにこだわる，チャレンジ，マンネリ打破，達成感，一番になる，トップクラス，最強，負けたくない
生活様式	バランス，柔軟，家族，ケースバイケース，犠牲，調整，会社と自分と家族のバランス

（出典：モリ（2023）．【チェックシート付き】キャリア・アンカーとは？ 自分のキャリア方向性を見つける方法，世界を物書きで！）[6]

> #### 👤 個人ワーク3
>
> 　次のワークシートの質問にできるだけ正直に答えてください。それぞれの質問に対して，＜採点＞を参考に，全く当てはまらない場合には「1」，いつも当てはまるは「4」という感じで採点をし，空欄に記入してください。

表 9.2　キャリア・アンカー設問シート

<採点> 1：まったく当てはまらない　2：たまに当てはまる　3：たいてい当てはまる　4：いつも当てはまる

	内容項目	①	②	③	④	⑤	⑥	⑦	⑧
1	周りの人がいつも自分に専門的アドバイスを求めてくるくらい，いまやっていることについて得意でありたいと思う		■	■	■	■	■	■	■
2	仕事でいちばん満足できるのは，1 つの活動に向けて多くの人の努力を結集できたときだ	■		■	■	■	■	■	■
3	自分のやり方や自分のスケジュールで仕事ができる自由なキャリアが夢だ	■	■		■	■	■	■	■
4	自分で会社を起こす元となりそうなアイデアをいつも注意して探している	■	■	■	■	■		■	■
5	自由と裁量より，保障と安定のほうが自分にとっては大切だ	■	■	■		■	■	■	■
6	個人的関心や家族の問題のために妥協して能力を発揮できない仕事に就くくらいなら，組織を去るほうがマシだ	■	■	■	■	■	■	■	
7	よいキャリアだと実感できるのは，社会全体の福利のために真に貢献できたときだ	■	■	■	■	■		■	■
8	困難な問題の解決にいつも挑戦し続けることができるようなキャリアが夢だ	■	■	■	■	■	■		■
9	よいキャリアだと実感できるのは，自分の能力をつねに高いレベルに向上できるときだ		■	■	■	■	■	■	■
10	組織全体の舵取りをするのが夢だ	■		■	■	■	■	■	■
11	仕事でいちばん満足できるのは，自分で完全に自由に仕事・スケジュール・手続きを決められることだ	■	■		■	■	■	■	■
12	意にそぐわない配置をして雇用を脅かすような組織には長くとどまろうとは思わない	■	■	■		■	■	■	■
13	どこかの組織で高い地位を得るより，自分自身で事業を起こすことのほうが大切だと思う	■	■	■	■	■		■	■
14	キャリアでいちばん満足できるのは，自分の才能を活かして誰かの役に立てたときだ	■	■	■	■	■		■	■
15	よいキャリアだと実感できるのは，困難な課題に対処し，それを克服できたときだ	■	■	■	■	■	■		■
16	個人のニーズ・家族のニーズ・仕事のニーズを，キャリア上で同時に満たすことができるのが夢だ	■	■	■	■	■	■	■	
17	経営幹部になるより，専門分野の部門長や技術部門の管理職になる方が魅力的だ		■	■	■	■	■	■	■
18	よいキャリアだと実感できるのは，自分の仕事を自分で決められる完全な自律と自由があることだ	■	■		■	■	■	■	■
19	ふだん組織の中では，安全と保障を実感できる仕事を求めている	■	■	■		■	■	■	■
20	いちばん満足できるのは，自分の技能と努力の結果として何かを成し得たときだ	■	■	■	■	■	■		■
21	自分が成功したと感じるのは，管理職として組織で高い地位を得たときだ	■		■	■	■	■	■	■
22	自分の才能を発揮して世の中をよくすることが，自分のキャリアを決める根本だ	■	■	■	■	■		■	■
23	キャリアでいちばん満足できるのは，解決不可能と思われた問題を解決できたときや，まったく勝ち目がないと思われたことに勝つことができたときだ	■	■	■	■	■	■		■

No.	項目	1	2	3	4	5	6	7	8
24	個人的要件，家族の要件，キャリア上の要件にバランスをとることができたとき，よい人生だと思う	■	■	■	■	■	■	□	■
25	キャリアで安定と保障を実感できるのが夢だ	■	■	■	□	■	■	■	■
26	自分の専門領域とかけ離れたローテーションを受け入れるより，組織を離れる方がマシだ	□	■	■	■	■	■	■	■
27	仕事と生活のバランスをとることは，管理職として高い地位を得ることより大切だと思う	■	■	■	■	■	■	□	■
28	人類と社会に真に貢献できるキャリアに就くことが夢だ	■	■	■	■	□	■	■	■
29	よいキャリアだと実感できるのは，自分なりのアイデアと技能を元にして起業するときだ	■	■	■	■	□	■	■	■
30	経営幹部になることは，専門領域の部門長になるより魅力的だ	■	□	■	■	■	■	■	■
31	規制と縛りがなく，自分自身のやり方で仕事をするチャンスは，自分にとってとても大切だ	■	■	□	■	■	■	■	■
32	問題解決能力と個人の競争力を豊かに発揮できる仕事の機会を望んでいる	■	■	■	■	■	□	■	■
33	自分で事業を立ち上げ，軌道に乗せていくことが夢だ	■	■	■	■	□	■	■	■
34	偉くなって自分が人の役に立つ力を発揮できない地位に就くくらいなら，組織を去るほうがマシだ	■	■	■	■	□	■	■	■
35	仕事でいちばん満足できるのは，自分の持つ特別な技能と才能を活用できるときだ	□	■	■	■	■	■	■	■
36	管理職への道を閉ざしてしまうような配属を受け入れるくらいなら，組織を離れるほうがマシだ	■	□	■	■	■	■	■	■
37	自分の職業人生でいちばん満足できるのは，経済面・雇用面での安定を感じられるときだ	■	■	■	□	■	■	■	■
38	自律性と自由を損なう配属を受け入れるくらいなら，組織を離れるほうがマシだ	■	■	□	■	■	■	■	■
39	個人的関心と家族の問題にあまり干渉されない仕事の機会をいつも求めてきた	■	■	■	■	■	■	□	■
40	解決が困難な問題に対処することは，管理職としての高い地位を得るよりも自分にとっては大切だ	■	■	■	■	■	■	■	□

（出典：モリ (2023).【チェックシート付き】キャリア・アンカーとは？ 自分のキャリア方向性を見つける方法, 世界を物書きで！）[6]

個人ワーク 4

　表 9.2 の全部の項目について点数をつけ終わったら，表 9.3 のインストラクションに沿って，集計してください。

表 9.3　集計表

1. 全部の項目について点数をつけ終わったら，高得点の中からさらにこだわりの高い 5 つ
   を選んでください。選んだ 5 つにそれぞれ 5 点を加えてください

2. 各列の合計点を計算

①	②	③	④	⑤	⑥	⑦	⑧

3. 点数の高い順に順位をつける（順位＝あなたのキャリア志向です）

①	②	③	④	⑤	⑥	⑦	⑧

①専門・職能別能力　　②経営管理能力　　③自律・独立　　④保障・安定

⑤起業家的創造性　　⑥奉仕・社会貢献　　⑦純粋な挑戦　　⑧生活様式

(出典：モリ (2023).【チェックシート付き】キャリア・アンカーとは？ 自分のキャリア方向性を見つける方法, 世界を物書きで！) [6]

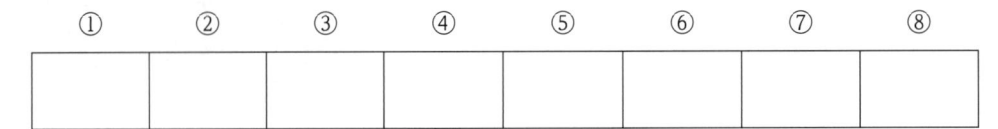 **グループワーク**

　グループになって，自身のキャリア・アンカーについてメンバーと共有をしましょう。先入観なく行った個人ワーク 1 の回答と，個人ワーク 2 のワークシートの結果も比較してみましょう。

グループワークで気づいたことを書いておきましょう

まとめ

　教員を目指している教育学系の学生は，「奉仕・社会貢献」を，理系の学生は，「専門・職能別コアコンピタンス」を選ぶ傾向にあります。皆さんが職業選択をする上では，やりたい仕事，なりたい職種を，先入観で捉えず，しっかりと仕事理解を深めて，その仕事や職種を多面的に理解しましょう。例えば，教員を目指している学生は，「教育を通して世の中をよくしたい」であれば，「奉仕・社会貢献」ですが，「社会で通用する学生を育成するエキスパート」と捉えると「専門・職能別コアコンピタンス」であるといえるなど，捉え方でキャリア・アンカーそのものが変わってしまうからです。

　また，一般的に，キャリア・アンカーを意識し始めるのは，就業経験を少し経た 30 歳前後であるといわれています。そのため，大学生の今は，キャリア・アンカーで職業選択をするというのではなく，自己理解の 1 つのツールと捉えましょう。キャリア・アンカーという考え方から自己理解を深めることで，いくつかの自分の進むべき道や可能性が見えてくると考え，広い視野で職業選択に役立ててください。

事後課題

　自分のことをよく知る人（家族，友達，アルバイト先の仲間，ゼミの仲間など）に，7 つの柱に記載した「自分のこと」を話してみましょう。次に，相手があなたをどう思っているか尋ねてみましょう。自分についての自分の答えと，相手の答えの相違点を整理してみましょう。この課題を通して，気づいたことと，その気づきをもとに，今後の学生生活をどう過ごすか，下記に記入しましょう（400 字程度）。

　自分についての自分の答えと，相手の答えの相違点

　この課題を通して，気づいたことと，その気づきをもとに，今後の学生生活をどう過ごすか

● コラム 12　「働きがい」を費用対効果で捉え直す

　「働きがい」について，本編とは別の角度から検討してみたいと思います。働きがいという言葉は，「働く」と「甲斐（かい）」に分けられます。この「甲斐」とは「その行為に価するだけのしるし。また，それだけの値打ちや効果。（大辞林）」だそうです。つまり，働きがいとは「働くに値するだけの値打ちや効果」を意味することになります。働く際には，時間や労力などのコストがかかります。このコスト以上に値打ちや効果があるものを得ることができれば働きがいはあるといえるでしょう。しかし，コストの方が大きければ徒労に終わるといえます。少し別の言い方をすると働きがいとは費用対効果がプラスになることだといえます。

　このとき，「効果」は単に金銭的なものだけではなく，周囲からの承認や感謝，地位や名誉の獲得，職位の上昇といった社会的なものから，仕事の達成感や満足感，成長感といった心理的なものまで含まれます。そして，働く人が仕事を通じてどのような効果（＝価値）を期待するかによって，働きがいは異なってきます。例えば，社会貢献活動で 1 日 8 時間働いて日給が 7,000 円だったとしましょう。経済面を重視する人は時給 1,000 円にもならないならやる気がうせてしまうでしょう。しかし，人の役に立ちたい人にとって感謝の言葉はこの上のないうれしさであり，日給は気になりません。このように，その人が重視する価値しだいで働きがいは違ってくるわけです。

　働きがいは個人の費用対効果だけで決まるわけではありません。他者との比較によって働きがいが変化することがわかっています。アダムス（Adams, J. S., 1965）[7] の「公平理論」は，他者の費用対効果が自分よりも良好な場合に不公平を感じることを示しています。例えば，同じ時間同じ仕事をした A さんと B さんのうち，A さんの給料が B さんより高かったら B さんは不公平だと感じます。そして，B さんの働きがいは下がってしまいます。つまり，働きがいは個人内だけで決まるのではなく，他者比較からも影響を受けるものだといえます。

　もちろん，会社はなぜ給料に差が生じたのか納得できる説明をする必要があります。それを確認した上で，自分が仕事を通じてどのような価値を獲得したいのかをしっかり持つ方が働きがいを高めやすくなるでしょう。自分が求める価値に向かってできることをやっていきましょう。

アダムス(1964)の公平理論を基に筆者が作成

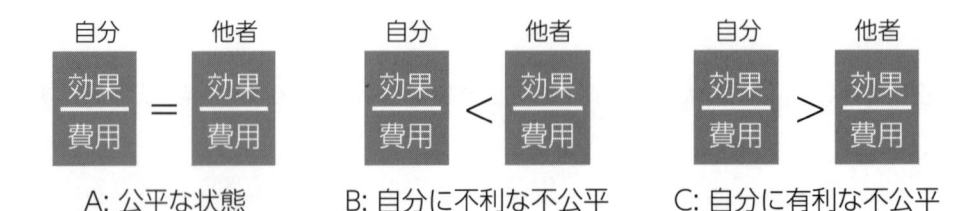

A: 公平な状態　　B: 自分に不利な不公平　　C: 自分に有利な不公平

● 引用文献・参考文献 ●

[1] 厚生労働省 (2019). 第 II 部人手不足の下での「働き方」をめぐる課題について，令和元年版労働経済の分析 —人手不足の下での「働き方」をめぐる課題について—.

[2] 野村総合研究所 (2023). 働く人の満足度につながるのは「働きやすさ」よりも「働きがい」〜アンケート調査結果からみる仕事の満足度と幸福度の関係〜.

[3] ハーバード・ビジネスレビュー編集部 (2019). セルフ・アウェアネス. ダイヤモンド社.

[4] ターシャ・ユーリック (2019). insight（インサイト）——いまの自分を正しく知り，仕事と人生を劇的に変える自己認識の力. 英治出版.

[5] エドガー・H. シャイン，金井壽宏（訳）(2003). キャリア・アンカー —自分のほんとうの価値を発見しよう—. 白桃書房.

[6] モリ (2023).【チェックシート付き】キャリア・アンカーとは？ 自分のキャリア方向性を見つける方法，世界を物書きで！.

[7] Adams, J.S. (1965). "Inequity in social exchange," In Advances in experimental social psychology, Vol.2, pp.267–299.

10 環境変化に対応するには？
―キャリアのコントロール―

皆さんは，VUCA という言葉を聞いたことがありますか？「先行きが不透明で，将来の予測が困難な状態」です。グローバル化，シンギュラリティ，技術革新，異常気象など，私たちを取り巻く環境は日々大きく変化しています。こうした環境変化は，どのようなキャリアを選択するかにかかわらず，すべての人たちの生き方に影響するといわれています。では，私たちはどのように対応していったらよいのでしょうか。この章では，移り変わる環境に対して，変幻自在（プロティアン）に適応していくキャリアのあり方（プロティアン・キャリア）の他，変化に対応するための力について学びます。

10.1 先行きは不安，不透明な社会に

VUCA とは，Volatility（変動性），Uncertainty（不確実性），Complexity（複雑性），Ambiguity（曖昧性）の 4 つの単語の頭文字をとった造語です。「先行きが不透明で，将来の予測が困難な状態」を意味します。グローバル化，急速な AI 化，産業構造の変化，超少子高齢化社会の進展，世界情勢や異常気象など，様々な要因が複雑に絡み合い，予想困難な事象が次々と発生するなど，私たちを取り巻く環境は，日々大きく変化をし続けています。テクノロジーの進化によって，これまでの概念や常識を覆すようなサービスや商品が生まれるといったメリットと同時に，従来のやり方が通用しない「先行きが不透明で，将来の予測が困難」な時代です。日本国内に目を向けると，超高齢化社会からもたらされる「2030 年問題」も深刻です。社会保障制度の崩壊や，GDP の減少による国力低下の他，格差が拡大・固定化し，人々が孤立する「不安で，安全が保たれない」社会になると指摘されています。だからこそ，どんな想定外の出来事に遭遇したとしても，「自分らしい納得のいく仕事を中心とした人生」を実現するためには，どう備えていくべきかを考えていく必要があります。

10.2 プロティアン・キャリアという考え方

プロティアン・キャリアとは，1976 年に，心理学者のダグラス・ホール教授が提唱した概念で，「環境の変化に応じて自分自身も変化させていく柔軟なキャリア形成」のことです。プロティアンという言葉の語源は，ギリシャ神話に出てくる，想いのままに姿を変える神プロテウスにあります（田中，2019）[1]。変化の大きい社会において，変化を恐れるのではなく，環境や社会のニーズに適応しながら，自らキャリアを変幻自在に形成していくプロティアン・キャリアを実践していくことで，生き生きとしたキャリアになっていくとされています。リンダ・グラットン（2016）[2] も，日本でもベストセラーとなった著書『ライフ・シフト』で，「後で変化を突きつけられるのではなく，

いま変化を予期して行動すること」「生涯を通じて『変身』を続ける覚悟をもたなくてはならない」と述べています。ホール（1976）[3] のプロティアン・キャリアと，グラットン（2016）[2] のライフ・シフトを組み合わせた現代版のプロティアン・キャリアを提唱しているのが，田中（2019）[1] です。田中（2019）[1] は，「いますべきことは目の前の些末な問題と格闘して消耗することではなく，『自分の将来をきちんと見据えて，動くようにする』ことなのです」と述べています。人生 100 年時代に向けて，皆さんが「今，どうするか」が問われているのです。

10.3　プロティアン・キャリアを構成する 2 つのコンピテンシー

プロティアン・キャリアを形成する上では，2 種類のコンピテンシーが必要です（Hall, 2001）[3]。1 つは，変化に流されないための自らの価値観である「アイデンティティ」です。アイデンティティとは，単なる自己理解のことだけではなく，「自分を尊敬できているか」という自尊心と，「自分は何がしたいのか」という自己認識や志のことです。変化の激しい時代に，自らキャリアを変幻自在に形成していくプロティアン・キャリアにおいて，アイデンティティがメタコンピテンシーである理由は，渡辺（2018）[4] によると，「今まで以上にみずからの価値観や興味に気づいていること，過去の自分，現在の自分，未来の自分が連続しているという確信が必要になる。もし，そうでなければ，ただ変化に自分を合わせるだけになってしまい，本当に意味での心理的成功を体験することはできなくなるだろう」と述べています（渡辺，2018, p174）[4]。これまでの授業を振り返って，自身のアイデンティティを書き出してみましょう。

👤 **個人ワーク 1：私のアイデンティティ**

次のワークシートの，左の問い（コンピテンシー）に対する自身の考えを右側の枠に書いてみましょう。

コンピテンシー	私の考え（アイデンティティ）
自分を尊敬できるか と，その理由	
自分は何をしたいのか と，その理由	

10.4 環境変化に合わせた適応ができる力・キャリア・アダプタビリティ

プロティアン・キャリアを構成するもう 1 つの力は，外的な変化に対応する適応力「アダプタビリティ」です。ここでは，キャリア研究の第一人者であるドナルド・E・スーパーによって提唱され，その後マーク・L・サビカス（2013）[5] が体系立てたキャリア・アダプタビリティ「変化への対応力」について学びます。キャリア・アダプタビリティには，次の 4 つの「C」が必要とされています。

表 10.1 キャリア・アダプタビリティ　4 つの「C」
（Mark L. Savickas, Erik J. Porfeli (2012) をもとに筆者が作成）[5]

関心（Concern）	「今日の選択が自分の未来を創る」 納得のいく将来に向けて，しっかりと計画・準備を行う
統制（Control）	「自分の信念をもとに，決断，行動する」 自分を信じて，前向きに行動する
好奇心（Curiosity）	「自身の成長のために，様々な可能性に好奇心を持つ」 常に新しい方法を模索し，視野を広げる
自信（Confidence）	「課題を克服し，望ましい結果を追求する」 新たなスキルを身につけ，自身の能力を最大限に発揮する

👤 **個人ワーク 2：キャリア・アダプタビリティを高めるためのワーク**

　ワークシート真ん中の「例」を見ながら，4 つの「C」の視点から回答を埋めていこう。

質問	例	回答
自分の目指すキャリアは？	中学校の教員	
変化の大きい社会で，どんなこと（課題など）が予想されそうか？	「時間が足りない，休日がない，生徒への指導，やったことのない部活動顧問	
そのなかで 1 番気になっていることを 1 つピックアップする	生徒への指導	

それに対してキャリア・アダプタビリティを高めるにはどうしたらよいか？ 4 つのディメンション（関心・統制・好奇心・自信）から具体的に考えてみよう	生徒にとっても，多感な大事な時期。そこを支えられる教師になりたい」という信念を持つ【関心】。生徒の成長をフォローするにはどうしたら【好奇心】と考え続け，試行錯誤してみる。悩んだら，先輩に相談【統制】し，過去のつらい時期を乗り越えてきた自分なら，きっとできると信じる【自信】。	

10.5　ストレスを跳ね返す力・レジリエンス

　変化への対応力として，「適応力」のアダプタビリティを紹介しました。一方で，変化には様々な困難やストレスも生じることが少なくありません。そうした，自分に不利な状況やストレスに対しての「精神的回復力」「抵抗力」「復元力」「耐久力」「再起力」のことを，「レジリエンス」といいます。「外力による歪み」であるストレスに対して，それを跳ね返す力が，「レジリエンス」です。変化の大きい社会だからこそ，レジリエンス（外力による歪みを跳ね返す力）と，キャリア・アダプタビリティ（環境変化に合わせた適応ができる力）という 2 つの力を，場面に応じて柔軟に使い分けていくことで，自分らしいキャリアを築いていきましょう。

👥👤 **グループワーク：レジリエンスを考える**

　設問「広い高原に，1 本の木が立っています。この後，ものすごい嵐が予想されます。この木を救うには，どうしたらよいでしょうか」。グループで考えてみましょう。テキストには答えが書いてあるため，一旦閉じましょう。

> **● コラム 13　キャリアに関する価値観の変容**
>
> 　プロティアン・キャリアでは，従来型のキャリアの考え方では，重視されていた「昇進」という価値観に代わり，「自由，成長」といった心理的な達成や成功が重要視されます。実は日本の職場環境は，ここ数年で大きく変わっています。背景には，働き方改革関連法（2019 年）やパワハラ防止法（2020）などの法整備があります。2021 年に行われた大手企業に勤務する若手社員への調査では，長時間労働や上司からの叱責などの「職場における負荷」が大幅に減少し，職場環境の「ホワイト化」が示されました。ところが，この調査結果によると，職場環境が良好になればなるほど，若手労働者の「不安」は反比例に増えているのです。この「不安」の要因は，「こんなゆるい環境では成長ができない」といったキャリアへの焦燥感でした。ホール教授がプロティアン・キャリアを提唱したのは，1976 年，日本では高度成長期から安定成長期に突入した，「キャリアの主体は，組織」である伝統的キャリアの真っただ中の時期です。日本が雇用形態の変化から，プロティアン・キャリアの重要性に気づくまでに，実に 40 年以上かかったわけです。そう考えると，私たちが，プロティアン・キャリアを実践していく上では，日本にだけ目を向けるのではなく，諸外国の新しい考え方に触れていくなど，固定概念にとらわれず，アンテナを広げていくことも大事になってきそうです。

まとめ

　どのような意見が出たでしょうか。木を嵐から救う，守るためには，以下のような対処法が考えられます。

　　嵐が吹き荒れる前に，強靭な木に育てておく。

　　強風を受け流す，しなやかな木になる。

　　木を支えたり，風を弱めるための防風壁を作る。

　　穏やかな気候の土地へ，移植する。

　　万一，木が折れてしまっても，新たに芽吹く芽を期待する。

　これらの対処法を，自分たちに置き換えてみましょう。

> 　強靭な木に育てる。→ 社会に出る前に，メンタルを鍛えておく。
>
> 　しなやかな木になる。→ 大変なことも，柔軟に受け流す。
>
> 　防風壁を作る。→ 自分の防風壁（守ってくれる味方）を作る。
>
> 　移植する。→ 穏やかな職場に転職する。
>
> 　新たに芽吹く芽を期待する。→ 万一しんどいことがあっても，きっと物事は好転すると考える。

　困難やストレスへの対処法・乗り越え方は人それぞれです。アダプタビリティ（適応）と，レジリエンス（跳ね返す）を場面に応じて，取り入れていきましょう。

10.6　ワークライフバランスからワークアズライフへ

　従来の伝統的キャリアでは，「充実したライフのために，（苦しい）ワークを頑張る。ライフを充実させることで，バランスをとる」というワークライフバランスの考え方が多くの人たちに支持さ

れていました。コロナ禍で脚光を浴びたテレワークに代表されるような，AI 化による時代の変化に向けて，筑波大学の落合陽一教授は，「ワークとライフの両方に価値を置き，人生全体を充実させる」ワークアズライフという考え方を提唱しています（落合，2017）。ワークアズライフに必要なことは，①ストレスマネジメントをする，②学びや経験を優先する，③自分のなかに価値を作り出し，組み合わせる，④他人と共存，協働する，です。これらは，本章の「プロティアン・キャリア形成の実践」にも重複してきます。皆さんも，社会の変化を楽しみながら，プロティアン・キャリア形成を実践していきましょう。

● コラム 14　自分らしい人生を築き続ける力～ライフキャリア・レジリエンス

　これからの社会は，VUCA である 100 年を生きる時代に入っています。この長く変動する時代を，いかに自分らしく生き続けるかは現代人の重要なテーマだといえます。変化に適応するために，私たちは何度でも自分の持つレジリエンスを発揮して環境に適合していくことが求められるのではないでしょうか。

　高橋（2021）[14] は，「不確実で不透明な社会を生き抜くためには，画一的で直線的なキャリアを前提とした一面的な方程式ではなく，ポジティブでありながら同時に不確実性を求める，偶発性と計画性の両方を併せ持つといった矛盾する要素を含んだ柔軟な姿勢が必要となる」と考えました。そして，ライフキャリア・レジリエンス尺度が開発されました（高橋ら，2015）[15]。ライフキャリア・レジリエンスとは「不安定な社会の中で自らのライフキャリアを築き続ける力」のことです。具体的には，①現実受容：現実的な思考のもとに積極的に事実を受け入れていく姿勢，②多面的生活：仕事以外の趣味や活動にも積極的に取り組む姿勢，③長期的展望：長期的視野を持って今できることを積極的に行う姿勢，④楽観的思考：将来に肯定的な希望を抱く姿勢，⑤継続的対処：先々の見通しを立てながら継続的に対応しようとする姿勢のことです。

　ライフキャリア・レジリエンスを高めるためには，次の 3 ステップ（高橋・鈴木，2019）[16] が有効だといわれています。ステップ1：向き合う・受け止める（①現実受容）。自分を悩ませるモヤモヤ・葛藤にとらわれないようにします。悩み拒絶するのではなく，かといって「受け入れる」のでもありません。「受け止める」のがポイントで，「そういう悩みがあるな」と認めることです。

　次に，ステップ2：適切な距離を置く（②多面的生活・③長期的展望）。仕事（学生なら勉強や就活）以外の趣味などの生活領域に視野を広げたり，過去や未来へと思いを広げたりしていきます。これによって，悩みは相対的に矮小化して，距離を置くことができます。

　ステップ3：対処する（④楽観的思考・⑤継続的対処）。まず，将来に肯定的な希望を描きます。次に，自分がすでに持っている強み（レジリエンス）を整理して，先々の見通しを立てながらレジリエンスを用いて継続的に苦境に対処していく姿を検討していきます。そして実際に実行していきます。

　この方法は，高校生や失業者，就職を目指している障害者などに活用して効果が実証されています。困難に遭遇したときは，是非，このような方法を試してみてください。そして，強く，しなやかに，そして自分らしく人生を作っていってください。

◉ 引用文献・参考文献 ◉

[1] 田中研之輔 (2019). プロティアン 70 歳まで第一線で働き続ける最強のキャリア資本術. 日経 BP.

[2] リンダ・グラットン, アンドリュー・スコット, 池村千秋（訳）(2016). LIFE SHIFT（ライフ・シフト）. 東洋経済新報社.

[3] Hall, D. T. (2001). Careers in and out of Organizations, Foundations for Organizational Science, SAGE Publications, Inc.

[4] 渡辺三枝子 (2018). 新版キャリアの心理学【第 2 版】キャリア支援への発達的アプローチ. ナカニシヤ出版.

[5] Mark L. Savickas, Erik J. Porfeli (2012). "Career Adapt-Abilities Scale: Construction, reliability, and measurement equivalence across 13 countries," Journal of Vocational Behavior, Volume 80,

Issue 3.

[6] GLOBIZ CAREER NOTE (2022). VUCA（ブーカ）とは？ 予測不可能な時代に必須な 3 つのスキル.

[7] 内閣府 (2022). 世界経済の不確実性の高まりと物価上昇. 世界経済の潮流 2022 年 I.

[8] 武石恵美子, 梅崎修, 林絵美子 (2014). 生涯学習とキャリアデザイン：法政大学キャリアデザイン学会紀要，12 巻 1 号.

[9] パーソルクロステクノロジー (2022). 2030 年問題とは？ 高齢化や人材不足がもたらす影響や対策をわかりやすく解説.

[10] リクルートワークス研究所 (2022). 大手企業の新入社員が直面する職場環境を科学する.

[11] ストックマーク (2023). マンダラート（マンダラチャート）のやり方｜研究開発のアイデアを量産するフレームワーク.

[12] 中間玲子 (2016). 自尊感情の心理学理解を深める「取扱説明書」. 金子書房.

[13] 落合陽一 (2017). 超 AI 時代の生存戦略──シンギュラリティ <2040 年代> に備える 34 のリスト. 大和書房.

[14] 高橋美保 (2021). 第 10 章レジリエンスとライフキャリア. 小塩真司, 平野真理, 上野雄己（編著）. レジリエンスの心理学：社会をよりよく生きるために. 金子書房.

[15] 高橋美保, 石津和子, 森田慎一郎 (2015). 成人版ライフキャリア・レジリエンス尺度の作成. 臨床心理学, 15(4), 507-516.

[16] 高橋美保, 鈴木愁平 (2019). ライフキャリア・レジリエンスプログラムの開発と効果評価—障害者の就職と定着を目指して—. 教育心理学研究, 67, 26–39.

社会で求められる「力」とは？

― 社会人基礎力を知ろう ―

将来，仕事に就いたときにやっていけるだろうかと不安になったりします。でも，大丈夫です。社会人が共通して持つべき「力」は，学生時代でも習得することが可能です。その力とは社会人基礎力です。この章では，あなたが社会人・組織人として働く際に必要な能力・スキルについて見ていきます。まず，はじめに，学生と社会人の違いについて考えてみましょう。そこから，必要とされる力とは何か，そしてあなた自身にはそれがどれだけ身についているのかを確認します。さらに，必要な力を伸ばすための行動は何かも見ていきます。

11.1　社会で求められる「力」とは

社会で求められる「力」とは何でしょうか。それを考える上で，まず，学生と社会人の違いを考えてみましょう。学生はお金を払って勉強をする一方で，社会人はお金をもらって仕事をします。ここには役割上とても大きな違いがありますが，それは何でしょうか？ 答えは，「消費者／受給者」か「生産者／提供者」の違いです。学生はお金を払って学問というサービスを受け取りますが，社会人は商品・サービスを生み出し提供してその対価としてお金を得ます。社会人になることは，生産者／提供者としての責任が発生します。そして，よい商品・サービスを提供する上で様々な知識・技能が必要になります。それが社会で求められる力です。その知識・技能には図 11.1 の構造があります[*1]。就いた職業・職務ごとに求められる専門的な知

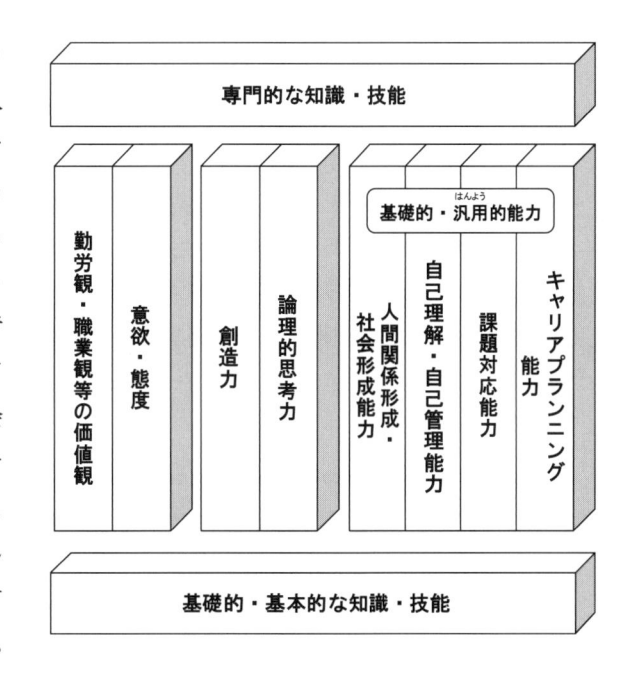

図 11.1　職業的自立，社会・職業への円滑な移行に必要な力（出典：中央教育審議会 (2011)『今後の学校におけるキャリア教育・職業教育の在り方について（答申）』文部科学省）[1]

識・技能は当然のことながら，そのベースには社会人が共通して備えるべき知識・技能があります。

[*1] 「基礎的・基本的な知識・技法」は小学校・中学校・高等学校の教科教育のなかで学んできた学力に相当。「基礎的・汎用的能力」はキャリア教育を中心として育成する能力。「論理的思考力，創造力」は，「基礎的・基本的な知識・技能」と「専門的な知識・技能」を相互に関連させながら育成されるもの，「意欲・態度」や「勤労観・職業観等の価値観」は1人ひとりが学習経験等を通じて個人で形成・確立するもの，「専門的な知識・技能」は職業教育を中核として育成するものである。

　欧米では，学生時代に「専門的な知識・技能」を学び，それに応じた職業に就きます。しかし，日本では医療や法律，理工系・IT 系など高い専門性が求められる職業を除いて，多くの大学生は，大学の専攻とは関係のない職業・職種に就くのが実態です。では，企業はどうやって優秀な人材を獲得するのでしょうか。そこで，注目されてきたのが専門的な知識・技能を支える「基礎的・汎用的能力」などの力です。基礎的・汎用的能力とは「分野や職種にかかわらず，社会的・職業的に自立するために必要な基盤となる能力」です。この能力が高ければ，どんな職務を担当したとしても上手く適応してやり遂げてくれるだろう，という考えです。そして，専門的な知識・技能は，就職後働きながら学んだり経験を積んだりして習得していきます。なお最近では，特定の職種に限定して採用する「ジョブ型雇用」が登場しており，日本の雇用環境は少し変化し始めています。

11.2　「社会人基礎力」〜基礎的・汎用的能力の代表格〜

　基礎的・汎用的能力の代表格が，経済産業省が提唱する「社会人基礎力」です。社会人基礎力とは，職場や地域社会のなかで多様な人々とともに仕事を行っていく上で必要な基礎的な能力です（経済産業省，2006）[2]。それは，「前に踏み出す力」「考え抜く力」「チームで働く力」の 3 つの能力，およびこれらを構成する 12 の能力要素で構成されています（図 11.2）。職場や地域社会のなかで多様な人々とともに仕事を行っていく上では，基礎学力や専門知識のみならず，それらを『発揮する』ためのコンピュータの OS に位置する能力・行動力を身につけていくことが必要といわれています。

　授業やサークル活動，アルバイトなど，学生生活のなかで，「この人，大人だなあ」と感じた人はいませんか。テキパキすすめる人，大人を相手にしっかりと話ができる人，アイディアが出せる人，リーダーシップがある人など。社会に出て求められる力とは，まさに，このような力です。社会人になると，仕事において唯一の正解があるとは限りません。もちろん，ルーティンワークもありますが，AI などの技術革新が目覚ましい現代では，創造力や人間力が問われます。唯一の正解がないなかで，よりよい「解」を考え，実行して，検証し，改善していく力，これをチームで協力して行う力が求められています。

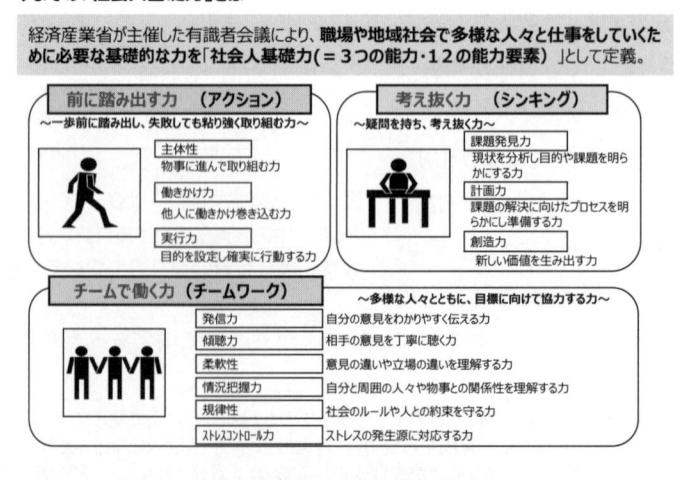

図 11.2　社会人基礎力
（出典：経済産業省 (2006). 社会人基礎力）[2]

> 👤 **個人ワーク 1：社会人基礎力チェック**
>
> 　「表 11.1 社会人基礎力チェックシート」を用いて，あなたの社会人基礎力を調べてみましょう。

インストラクション

> 　「表 11.1 社会人基礎力チェックシート」の各項目の能力がどの程度身についているか，下記の 5 段階で考え，自己評価の該当する番号に○印をつけてください。
> 　　1. ほとんど身についていない，2. 少しは身についている，3. 人並み程度身についている，
> 　　4. 他者より多少身についている，5. 他者と比べてかなり身についている
> **実施上の留意点**：これは自分自身を理解するための自己評価です。「自分をよく見せたい」，「よい結果を出したい」という気持ちはいったん脇に置きましょう。質問項目に対して正直に答えてください。なお回答結果に，高い・低いは出てきますが，それがあなたのすべてを示しているわけではありません。

結果の集計

　社会人基礎力チェックシートでの自己評価が終わったら，高得点の上位 3 つの力を「表 11.2 社会人基礎力集計表」の左欄に記入してください。同点の場合は，自信のある方を選んでください。

　さて，その 3 つの社会人基礎力は，「本当にあなたの強みといえるか？」「実感はあるか？」を確かめてみましょう。3 つの力を発揮した経験を振り返ってみてください。いつ頃，どこで，誰と，何をしているときに発揮したでしょうか？　そのときの気分は？　また周囲からはどのように見られましたか？　表 11.2 の中央の欄に記入してください。

　最後に，今後もその力を十分に発揮できるかどうか，○△× の 3 段階で自己評価してみましょう。

> 👤 **個人ワーク 2**
>
> 　次に，「この人は大人だな」と思った人を思い浮かべてください（複数可）。その人のどんなところに「大人」を感じましたか？　表 11.1 社会人基礎力チェックシートの①〜⑫の能力要素の該当するところに○印をつけてください（最大 3 つまで）。
>
> 　どの能力要素に○印がついたでしょうか？　その力は，あなたにとって理想の力，あるいは不足している力である可能性が高いです。いかがでしょうか？
>
> 　次に，その○印のついた能力要素のチェックシートでの自己評価はいくつでしたか？「表 11.3 向上すべき社会人基礎力」にまとめてみましょう。そして，3 点以下の場合は，今後，高めていくべき力といえます。その力を向上させるためには，どのようなことをすべきでしょうか。考えつく限りのことを書いてみましょう。

表 11.1　社会人基礎力チェックシート
(経済産業省 (2006) をもとに筆者が作成) [2]

		質問項目	自己評価
前に踏み出す力	①主体性	指示を待つのではなく，自らやるべきことを見つけて積極的に取り組む。	5 4 3 2 1
	②働きかけ力	「やろうじゃないか」と呼びかけ，目的に向かって周囲の人々を動かす。	5 4 3 2 1
	③実行力	言われたことをやるだけでなく自ら目標を設定し，失敗を恐れず行動に移し，粘り強く取り組む。	5 4 3 2 1
考え抜く力	④課題発見力	目標に向かって，自ら「ここに問題があり，解決が必要だ」と提案する。	5 4 3 2 1
	⑤計画力	課題の解決に向けた複数のプロセスを明確にし，「そのなかで最善のものは何か」を検討し，準備する。	5 4 3 2 1
	⑥創造力	既存の発想にとらわれず，課題に対して新しい解決方法を考える。	5 4 3 2 1
チームで働く力	⑦発信力	自分の意見をわかりやすく整理した上で，相手に理解してもらえるように正確に伝える。	5 4 3 2 1
	⑧傾聴力	相手の話しやすい環境を作り，適切なタイミングで質問するなど相手の意見を引き出す。	5 4 3 2 1
	⑨柔軟性	自分のルールややり方に固執するのではなく，相手の意見や立場を尊重し理解する。	5 4 3 2 1
	⑩状況把握力	チームで仕事をするとき，自分がどのような役割を果たすべきかを理解する。	5 4 3 2 1
	⑪規律性	状況に応じて，社会のルールに則って自らの発信や行動を適切に律する。	5 4 3 2 1
	⑫ストレスコントロール力	ストレスを感じることがあっても，成長の機会だとポジティブに捉えて肩の力を抜いて対応する。	5 4 3 2 1

表 11.2　社会人基礎力集計表

高 得 点 上位 3 つ	発揮した経験（いつ頃，どこで，誰と，何をしているときに発揮していましたか？ そのときの気分は？　また周囲からはどのように見られましたか？）	評価 ○△×

表 11.3　向上すべき社会人基礎力

○印のついた力	自己評価の点数	能力向上のためにすべきこと

> **👥 グループワーク**
>
> 　グループになって，ワーク1と2についてメンバーと共有をしましょう。まずは，ワーク1・2を行った結果や素直な感想を伝えてみてください。話しながら感じること思うことも大切です。次に，他のメンバーの話をじっくり聴きましょう。メンバーの話を聴きながら感じたこと思ったことがあればメモをしましょう。その人が話し終わった後に，そのメモをその人に伝えてみましょう。
>
> 　なお，メンバーの話を聴くときは，自分が何を話すかを考えるのは，やめましょう。ちゃんと話を聴けなくなってしまいます。自分が話すときに，考えながら話して構いません。

11.3　社会人基礎力の向上に向けて

　社会人基礎力は大学生であっても向上します。高橋・谷（2007）[3] は，大学生が主に学業や課外活動のなかで，自分の役割を遂行すること，責任を負うこと，結果として行動や意識の変容があることによって社会人基礎力が向上することを実証的に確認しました（図 11.3）。つまり，自分の役割を意識して責任を持ってやり遂げることによって社会人基礎力が磨かれます。

　社会人基礎力を向上させる上で重要なのが「経験学習」です。経験学習とは，Kolb（1984）[4] が提唱した経験によって学習する仕組みのことで，具体的経験 → 内省的観察 → 抽象的概念化 → 積極的実験 → 具体的経験」を繰り返すことで自分なりにコツや理論をつかんでいくものです（図 11.4）。

　例えば，インターンシップを受ける前にどの能力向上を図るべきかを把握しておき，インターンシップの期間中で，目的を意識して体験し（具体的経験），毎日自分を振り返り（内省的観察），どうすればうまくいくのか検討して（抽象的概念化），それを実際にやってみる（積極的実験），その経験をしっかりと意識して体験していきます（具体的経験）。これを繰り返すことによって社会人基礎力が向上します。

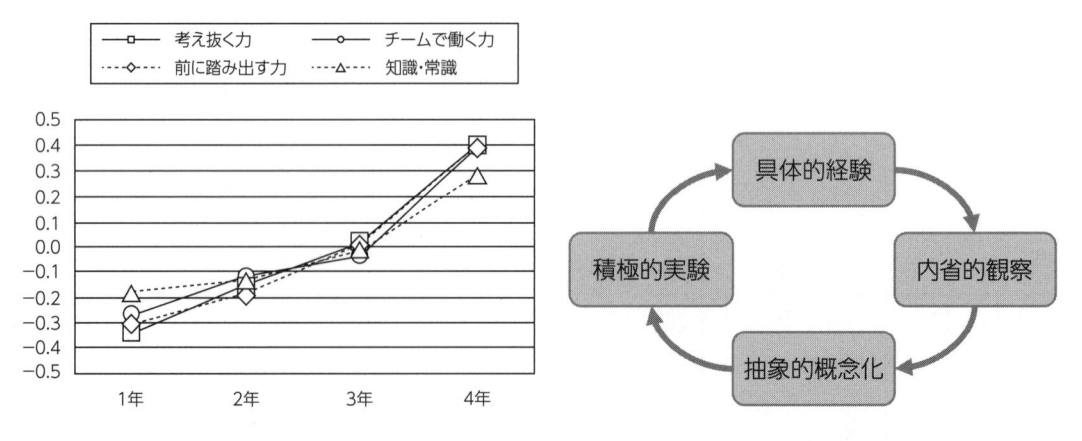

図 11.3　大学生の社会人基礎力の向上
（出典：高橋浩・谷由紀子 (2007). 社会人基礎力の形成に寄与する大学時代の活動について. 日本産業カウンセリング学会第 12 回大会論文集）[3]

図 11.4　経験学習サイクル
（Kolb (1984) をもとに筆者が作成）[4]

● 引用文献・参考文献 ●

[1] 中央教育審議会 (2011). 今後の学校におけるキャリア教育・職業教育の在り方について（答申）. 文部科学省.

[2] 経済産業省 (2006). 社会人基礎力.

[3] 高橋浩, 谷由紀子 (2007). 社会人基礎力の形成に寄与する大学時代の活動について. 日本産業カウンセリング学会第 12 回大会論文集, pp.56–57.

[4] Kolb, D. A. (1984). Experiential learning. New Jersey, Eaglewood Cliffs.

自分と組織の相性は？

─組織の風土・文化を知る─

多くの学生は何らかの組織に就職することが一般的です。まだ先のことかもしれませんが，組織で働くことを考えると，組織ってどんな感じなんだろうか？ どんな雰囲気なんだろうか？ ちゃんとやっていけるだろうか？ と少し不安になりますよね。ただ，一言で組織といってもその雰囲気や働き方には違いがあります。そこには組織の風土とか文化があり，それによってしきたりが違っていたり，当たり前と思っていることが違っていたりします。そこで，本章では，そもそも組織の風土・文化にはどのような特徴があるのか，自分と合う組織とはどんなところなのかを学んでいきます。特に，組織の特徴と自分の特性を比較して，自分にとって望ましい組織風土・文化を把握していきましょう。

12.1 組織の風土・文化とは

日本には，海外とは異なる文化や風土があります。言語や習俗，道徳，様々な制度などの行動様式や生活様式など，有形のものもあれば無形のものもあります。無形のものは目に見えませんが，海外旅行などに行けば，その違いがはっきりわかるものも多くあります。例えば，アメリカでは自己主張が歓迎されて日本人の奥ゆかしさは理解されません。はっきり言わないとわかってもらえないということは多々あります。このように，国の違いによる文化や風土に違いがあるわけです。

同様に，皆さんが将来就職する先の企業・組織にも文化・風土があります。これを組織文化・組織風土といいます。組織風土とは，社風や校風のような，組織成員に共有化された組織全体に関する主観的な特性のことです（高橋・高橋・中嶋・渡邊，2013）[1]。和気あいあいとした会社とか，軍隊のような感じといった組織の雰囲気といってもよいでしょう。また組織文化とは，組織成員によって共有化された信念，価値観，規範の集合体のこと，ないしは，共有化されたものの見方・考え方・パラダイムのことです（高橋・高橋・中嶋・渡邊，2013）[1]。例えば，安全・安心を大切にしていこうとか，技術力の高さを大切にしていこう，仕事を進めるときはチームワークが重要だ，などです。厳密には風土と文化は異なるものですが，ここでは識別せず風土・文化として扱います。

12.2 リベラルとパターナル

組織風土・文化をどのように分類するかについては多くの考え方がありますが，ここではまず「リベラル」と「パターナル」の2つに分類して考えることにしましょう。「リベラル（liberal）」とは「自由」とか「自由主義の」という意味です。組織のなかの個人の行動は自由で，経営者やリーダーの求心力が弱い風土・文化です（自由＆分散型）。「パターナル（paternal）」とは，「父権主義的な」という意味です。父権主義とは，「強い立場にある者が，弱い立場のためだと称して，本人の意思確認をしないまま何かを介入・干渉・支援したりすること」です。組織のトップがよかれと

思ってトップダウンで決めていくような中央集権的な風土・文化です（パターナル・中央集権）。

　組織の風土・文化そのものではありませんが，雇用システム（メンバーシップ型とジョブ型）も働き方に大きく影響を与えます。メンバーシップ型は，まずはじめに人（社員）があり，それに仕事をあてがうという仕組みです（濱口，2009）[2]。これは戦後の昭和時代から続く日本的な働き方です。新卒一括採用で雇用した社員に対して，人事部がそれぞれに職務を与えていきます。その結果，必ずしも自分が望んだ仕事に就けるとは限らないことになります。これに対して，世界の多くの雇用システムはジョブ型です。ジョブ型とは，まずはじめに仕事（ジョブ）があり，そこにふさわしい人をはめ込む仕組みです（濱口，2009）[2]。組織において求められる各種の職務に対してふさわしい人材を雇用・配置していきます。日本では，新卒では医師，弁護士，教員，特定のIT エンジニアなど一部に限られていて，後は中途採用，外資系の企業に多く見られます。ただ，近年日本でも，ジョブ型を採用する企業が徐々に増えていく傾向があります。なおジョブ型では，採用時点で担当業務を遂行する高い専門性，即戦力が求められます。

　さて，渡邉（2022）[3] は，「やりたい仕事をやらせる VS 仕事は会社が決める」と題して，「リベラル ↔ パターナル」と「ジョブ型 ↔ メンバーシップ型」を軸にした5つの会社タイプをマッピングしました（図 12.1）。① → ⑤の順で「やりたいことができる」会社タイプになります。①「キャリア自律型」は，実力が重視され業績評価は自己責任になりますが，その一方で自分のしたい仕事ができたりチャレンジできたりする組織です。ジョブ型を取り入れた個人主義的な組織です。②「旧来型外資系」は，ジョブ型雇用で，パターナリズムの強い中央集権型の組織です。特定の職種に限定した働き方で，入社後の自由度は低い組織です。業績が低かったり他にやりたい仕事が出てきたりした場合は転職することになります。③「士業の人たち」は，特定の職種の専門性で仕事をする会社タイプです。その専門コースを専攻して資格を取得した人たちが就く組織です。④「リベラルな日本企業」は，伝統的な日本企業のなかでは比較的に自由な文化を持つ組織です。自由な発想が業績につながりやすい特徴があります。最後に，⑤「昭和のパターナリズム企業」です。一括採用を行い，人事部による配置が行われます。本人の希望の聴き取りは行われますが，必ずしも希望が通るとは限りません。④⑤のタイプに就職する学生が最も多いようです。

　今後，皆さんが就職を希望する組織が，どのような風土・文化か，どの雇用システムであるかをよく確認して，選択することが大事です。なお，図 12.1 に記載の企業名は調査時点のものなので，今後変化する可能性があります。あくまでも1つの目安として捉えてください。

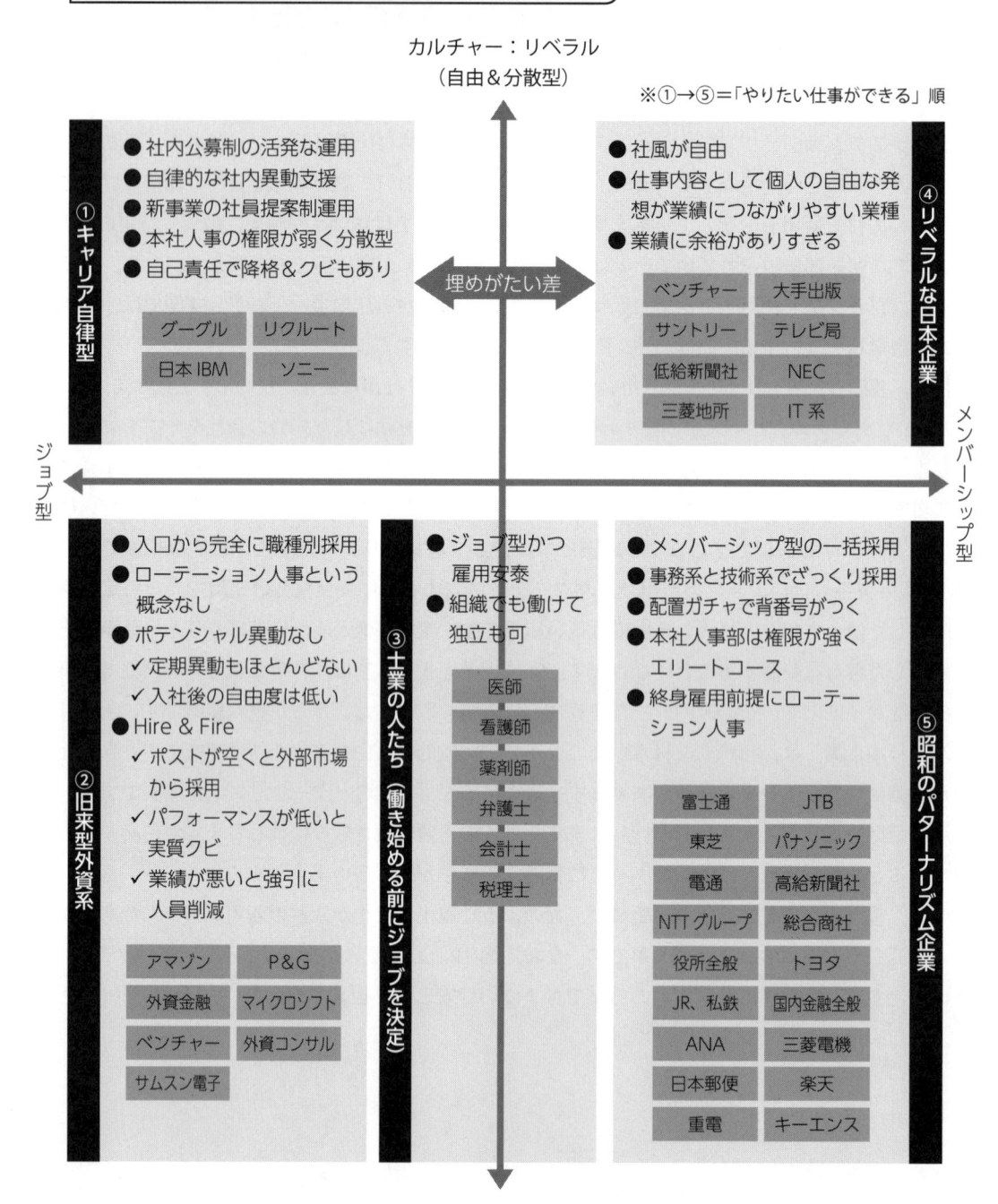

図 12.1　やりたい仕事をやらせる VS 仕事は会社が決める
(出典：渡邉正裕 (2022).「いい会社」はどこにある？—自分だけの「最高の職場」が見つかる 9 つの視点. ダイヤモンド社.) [3]

12.3　4タイプの組織文化

　組織風土・文化の捉え方について，もう1つ紹介します。Cameron & Quinn (1999) [4] は，組織文化を，内部統合を重視するか外部適応を重視するかという軸と，柔軟性を重視するかコントロールを重視するかという軸の組合せによって組織文化を4つに分類しました。「A. 集団文化」は社員同士が気持ちを分かち合う文化，「B. 革新文化」は人々が進んで新しいことに挑戦する文化，「C. 規則文化」は厳格な規則や手続きに従って行動する文化，「D. 競争分化」は人々が結果を求めてお互いに競争する文化です。

　重視されることとマネジメントスタイルにもとづいて各文化の特徴を以下に示します。

A. 集団文化（柔軟性−内部統合）

　　　メンバーの結束や士気，満足度の高さ，人材育成やチームワークなどが重視される。

　　　チームを構築し，メンバーの行動を促進し，人材を育成していくマネジメントが行われる。

B. 革新文化（柔軟性−外部適応）

　　　新製品，問題に対する創造的な解決策，最先端のアイディア，新市場での成長が重視される。

　　　起業家精神と先見性を持って，革新的で創造的で，リスクをとっていく未来志向のマネジメントが行われる。

C. 競争文化（コントロール−外部適応）

　　　目標達成や競争に勝つこと，市場シェアの拡大，収益を上げることが重視される。

　　　強い牽引力で部下に指示を出し，目標達成をさせるようなマネジメントが行われる。

D. 規則文化（コントロール−内部統合）

　　　仕事の効率性や円滑さ，予測可能性が重視される。

　　　監視とコントロールと調整によって効率的に仕事を進めていくマネジメントが行われる。

👤 個人ワーク1：自分に合った組織文化は？

インストラクション

- まず，第5章で明らかにした「強み」，第11章の「社会人基礎力」，第9章の「キャリア・アンカー」は何だったでしょうか。そのなかから1つずつ自分を代表するものを選び，「表12.1 組織文化との適合チェックシート」の右上の該当欄に記入します。
- その強みと社会人基礎力は，どのような組織文化で発揮しやすいとあなたは思いますか。また，キャリア・アンカーはどのような組織文化にマッチしていますか。表12.1のA〜Dの項目の組織文化において，マッチしている2点を，まあまあ1点を，マッチしていない0点を記入してください。

回答の留意点：質問項目に書かれているような組織文化で働く自分を想像して回答してください。

表 12.1　組織文化との適合チェックシート
（Cameron & Quinn (1999) をもとに筆者が作成）[4]

質問項目	点　数 マッチ：2点　まあまあ：1点　非マッチ：0点		
	強み	社会人基礎力	ｷｬﾘｱ・ｱﾝｶｰ
主要な特性			
A この組織は大家族のようで，従業員はプライベートなことを多く共有します			
B この組織は起業家精神にあふれ，従業員はリスクがあっても挑戦します			
C この組織は結果志向で，従業員は非常に競争心が強く，成果を重視します			
D この組織は管理されていて，従業員は正式な手順に従って行動します			
リーダーシップ			
A この組織のリーダーは，指導，促進，育成を重視します			
B この組織のリーダーは，起業家精神，革新や挑戦を重視します			
C この組織のリーダーは，真面目で積極的で結果重視の姿勢を示します			
D この組織のリーダーは，調整，段取り，円滑な運営を重視します			
従業員のマネジメント			
A この組織は，従業員のチームワーク，合意形成，積極参加を重視します			
B この組織は，従業員の挑戦，革新，自由，独自性を重視します			
C この組織は，従業員の競争力の強さ，高い要求への達成を重視します			
D この組織は，従業員の雇用の安定，適合性，人間関係の安定を重視します			
組織との結びつき			
A この組織は，忠誠心と相互信頼，組織へのコミットメントを求めます			
B この組織は，イノベーションと開発への取り組み，最先端であることを求めます			
C この組織は，業績を上げることや目標達成を求めます			
D この組織は，正式なルールとポリシーを遵守し，円滑な組織運営の維持を求めます			
戦略的重点			
A この組織は，人材育成を重視しています			
B この組織は，新しいリソースの獲得と課題の創出を重視しています			
C この組織は，競争的な行動と成果を重視します			
D この組織は，永続性と安定性を重視します			
成功の基準			
A この組織は，人的資源開発やチームワーク，従業員のコミットメントを評価します			
B この組織は，非常にユニークな製品や最新製品を保有することを評価します			
C この組織は，市場での勝利と競争優位を評価します			
D この組織は，効率性のよさを評価します			

　回答が終わったら，A〜D 毎に点数を集計して，点数を表 12.2 にまとめてください。点数の多いほどあなたに適した組織文化になります。

表 12.2 組織文化との適合チェック結果

	内部統合		外部適応	
柔軟性	**A. 集団文化**		**B. 革新文化**	
	ア. 強み　　　　　　　[　　　]点		ア. 強み　　　　　　　[　　　]点	
	イ. 社会人基礎力　　　[　　　]点		イ. 社会人基礎力　　　[　　　]点	
	ウ. キャリア・アンカー[　　　]点		ウ. キャリア・アンカー[　　　]点	
コントロール	**C. 規則文化**		**D. 競争文化**	
	ア. 強み　　　　　　　[　　　]点		ア. 強み　　　　　　　[　　　]点	
	イ. 社会人基礎力　　　[　　　]点		イ. 社会人基礎力　　　[　　　]点	
	ウ. キャリア・アンカー[　　　]点		ウ. キャリア・アンカー[　　　]点	

12.4　組織文化と業界の関係

　A〜D の組織文化に対応する業種を表にまとめました（表 12.3）。この表で考えると，自分に合う組織文化と業界・業種との関連がある程度見えてきます。もちろん，これはおおよそのものであり，実際は企業ごとに組織文化は異なっています。自分の志望先の企業がどのような組織文化に属するのかについては，インターネットや OBOG 訪問，志望先の人事から情報を収集して確認してください。社員はどんな会話をしているか，どのように動いているか，職場の雰囲気は和やかか，殺伐としているか，緊張感が漂っているかなどから，どんな人材を求めているかなど情報収集をしましょう。なお，学生はどうしても企業の人事担当者との接触が多くなります。しかし，人事部門がその会社の文化を代表しているわけではありません。この点は気をつけてください。

👥 グループワーク

　グループになって，ワークの結果についてメンバーと共有をしましょう。まずは，ワークを行った結果や素直な感想を伝えてみてください。話しながら感じること思うことも大切です。次に，他のメンバーの話をじっくり聴きましょう。メンバーの話を聴きながら感じたこと思ったことがあればメモをしましょう。その人が話し終わった後に，そのメモをその人に伝えてみましょう。

　なお，メンバーの話を聴くときは，自分が何を話すかを考えるのは，やめましょう。ちゃんと話を聴けなくなってしまいます。自分が話すときに，考えながら話して構いません。

表 12.3　組織文化と業種

組織文化	業種
A. 集団文化	地方公務員（役所） 教育（学校，大学など） 医療・福祉（介護施設，病院） NPO/NGO 伝統的な家族経営の企業 接客業（ホスピタリティ業界）
B. 革新文化	テクノロジー系スタートアップ，ベンチャー企業 研究開発企業（R&D） 広告代理店 デザイン会社（建築，ファッション，グラフィックデザイン） エンターテイメント業界（映画，音楽，テレビ局） ゼネコン
C. 競争文化	金融業（投資銀行，証券会社） IT 企業（特に競争の激しい市場で活動する企業） コンサルティングファーム 大手広告代理店 自動車販売業，製薬（MR） 総合商社
D. 規則文化	公務員（警察・消防・自衛隊） 公務員（官公庁，行政機関） 銀行・金融機関 製造業（特に大規模な工場や自動車業界） 保険業 医療機器メーカー

● コラム 15　ジョブ・クラフティング ～職場や仕事が合わなかったら～

　仮に就職をしても，組織や職場が自分に合わないということがあります。このとき，すぐに転職を考えるのはちょっと待ってください。上司や先輩との人間関係仕事内容などは，部署を変えることによって解決する場合もあります。ですから，自らできることはないかを検討し，実際にやってみることが大切です。やれるだけのことをやってそれでもだめな場合に転職を考えましょう。

　やれることの 1 つとして「ジョブ・クラフティング」があります。ジョブ・クラフティングとは，レズネスキーとダットン（Wresniewski, A., & Dutton, J. E., 2001）[5] によって提唱された概念で，従業員が自ら積極的に担当する仕事をデザインすることによって，生産性の向上や仕事のやりがいや動機づけを高めようとする行動のことです。クラフティングとは手作業・手工芸といった意味があります。まさに，やりがいが持てるように自分でジョブに手を加えることなのです。与えられた仕事の結果を出す道筋ややり方は，必ずしも 1 つではなく，自分で工夫することができます。この工夫をすることがジョブ・クラフティングです。ジョブ・クラフティングには 3 つあります。

1. タスク・クラフティング：一部の仕事のやり方に自分らしさを加えて変えてみること
2. 関係性クラフティング：仕事で関わる人との関係を変えて仕事をやりやすくすること
3. 意味クラフティング：仕事の意味を変えたり拡大したりして仕事にやりがいを持たせること

　高校生時代に制服を着ていた人も多かったのではないでしょうか。与えられた制服をそのまま着る人も

いますが，なかには着こなしを変えたり，見えないところでおしゃれをした人もいたのではないでしょうか。学生カバンに，マスコットをつけたりした人も多いと思います。つまり，指定された制服や学生カバンは，与えられた仕事に似ています。そのままよりも，自分らしさを少し加えることで愛着が湧いてきます。ジョブ・クラフティングはまさに与えられた仕事に自分らしさを加える方法といえます。

そのためには，自分らしさである情熱・価値観・強みを自覚する必要があります。これを与えられた仕事に加えるなら，タスクや人間関係をどのように変えるとよいかを工夫するのです。そして，自分らしさが加わった仕事は，以前よりも自分らしくなるのです。

このような仕事に対する工夫をすることによって，劇的に仕事が楽しくなるとはいいませんが，以前よりもやりがいを感じられるようになります。そして，ジョブ・クラフティングは組織に対する愛着や生産性向上にも寄与するといわれています。だとすれば，業績も上がり上司に認められやすくなります。職場での居場所も確保できる可能性が高まります。仕事がつまらないと思ったらジョブ・クラフティングを試してみてください。なお，ジョブ・クラフティングを適用できるのは会社の仕事だけに限りません。部活動・サークル活動，アルバイトなど何か活動をする際に応用できます。学生時代からジョブ・クラフティングを試してみましょう。

● 引用文献・参考文献 ●

[1] 高橋修（編），高橋浩，中嶋励子，渡邊祐子（著）(2013). 社会人のための産業・組織心理学入門. 産業能率大学出版部.

[2] 濱口桂一郎 (2009). 新しい労働社会―雇用システムの再構築へ. 岩波書店.

[3] 渡邉正裕 (2022).「いい会社」はどこにある？―自分だけの「最高の職場」が見つかる9つの視点. ダイヤモンド社.

[4] Cameron, K. S., R. E. Quinn (1999). Diagnosing and Changing Organizational Culture: Based on the Competing Values Framework, Reading MA: Addison-Wesley.

[5] Wresniewski, A., Dutton, J. E. (2001). "Crafting a job: Revisioning employees as active crafters of their work," Academy of Management Review, 26(2), pp.179–201.

100 年時代の働き方とは？
─ マルチステージ時代の変身資産 ─

皆さんが将来活躍する社会とはどんなところでしょうか。実は近年，変動が激しい社会といわれています。この章では，「人生 100 年時代」といわれる日本社会で何が生じているのか，どのような働き方や役割，能力が求められるのかについて紹介します。変化に対応していくには，自分自身も変化して社会に適応していくことが必要です。ただ，それに振り回されて，自分らしさが失われてしまうのも困りものです。様々な変化に適応しつつ，学び・学び直しをしながら自分らしくキャリアを継続することについて考えていきましょう。

13.1　人生 100 年時代とは

「人生 100 年時代」という言葉は，リンダ・グラットンら（2016）[2] が著した『LIFE SHIFT 人生 100 年時代の人生戦略』（東洋経済新報社）という書籍に由来しています。世界トップの超高齢社会[*1]である日本にとって，この書籍は重要な示唆に富んでおり，政府も注目するようになりました。2017 年生まれの人は 100 歳まで生きるといわれています。日本人の平均寿命を見てみましょう（図 13.1）。年々，寿命は伸びてきています。国際的に比較すると男女平均寿命は世界第 1 位が日本（84.3 歳）で，第 2 位がスイス（83.4 歳），第 3 位が韓国（83.3 歳），フランスは第 11 位（82.5 歳），イギリスは第 24 位（81.4 歳），アメリカは第 40 位（78.5 歳）です（WHO, 2023）[1]。

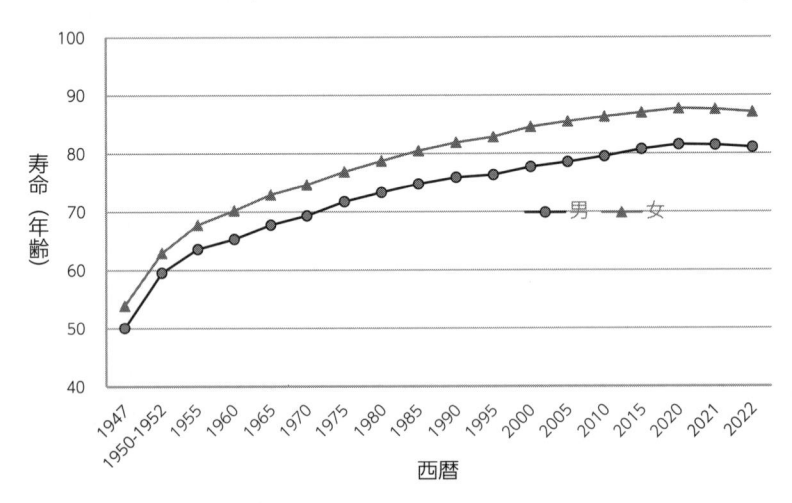

図 13.1　日本の平均寿命
（厚生労働省 (2023) をもとに筆者が作成）[3]

[*1] 超高齢社会：人口に占める 65 歳以上の人口の比率（高齢化率）が 21 ％ を超えた社会のこと。ちなみに，高齢化率が 7 ％ を超えた社会を高齢化社会，高齢化率が 14 ％ を超えた社会を高齢社会といいます。日本は，2010 年に高齢化率が 23 ％ を超えて超高齢社会になりました。

　かつて戦国時代では人生50年でしたが，現代はその2倍になったわけです。これは，医療の進歩と食生活の豊かさなど，様々な社会の仕組みの利便性が向上したことによります。しかし，その一方で，問題も出てきました。労働に関することに限定すると，高齢者比率の増加，働き手の減少，技術革新による職業転換やリスキリング（学び直し）の必要性，働き方の多様化，高収入と低収入の二極化，高齢者の扶助や家族ケアの負担の増大などが挙げられます。かつては，一生のなかで緩やかに変化に対応できる時代でしたが，今や先行き不透明で不確実で変化の激しい時代に突入しています。世界トップの長寿国家である日本が，今後どのように進んでいくかが世界から注目されています。このことは，皆さんの生き方・働き方にも大きな影響を与えていくことでしょう。

13.2　3ステージからマルチステージの人生へ（複数の役割を担う）

　グラットン（2016）[2] は，これまでの人生は「学生—労働者—余生」の3ステージであったが（図13.2），これからは多様な役割を担う「マルチステージ」になると指摘しています。実は，人生にお

図13.2　3ステージ
（グラットンら（2016）をもとに筆者が作成）[2]

いて人が複数の役割を担っていることは，すでにスーパー（1980）[4] が指摘していました。それがキャリア・レインボーです（図13.3）。人生には，複数の役割があり，キャリアの発達段階によって各役割の割合が変化していくことが示されています。特に変化の激しい時代では，生涯1つの職業に就くとは限らず，転職や独立をして複数の職業を経験したり，本業と並行して副業をしたりすることも十分あり得ます。日本では終身雇用という労働慣行がありましたが，2019年4月，当時の経団連会長の中西宏明氏は，企業が終身雇用を継続するのは困難であることを発表しました。日本においても，マルチステージが現実味を帯びてきたわけです。そして，労働だけでなく，男女とも子育て，家族サービス，介護など家族へのケアも不可欠になってきています。複数の新しい役割を担っていくためには，その都度の学び直しが必要だとされています。特に近年の技術革新に追従するための「リスキリング」は重要だと指摘されています。大学を卒業したら勉強は終りなのではなく，生涯ずっと学び続けることが求められています。最近では社会人大学生・大学院生も増えています。

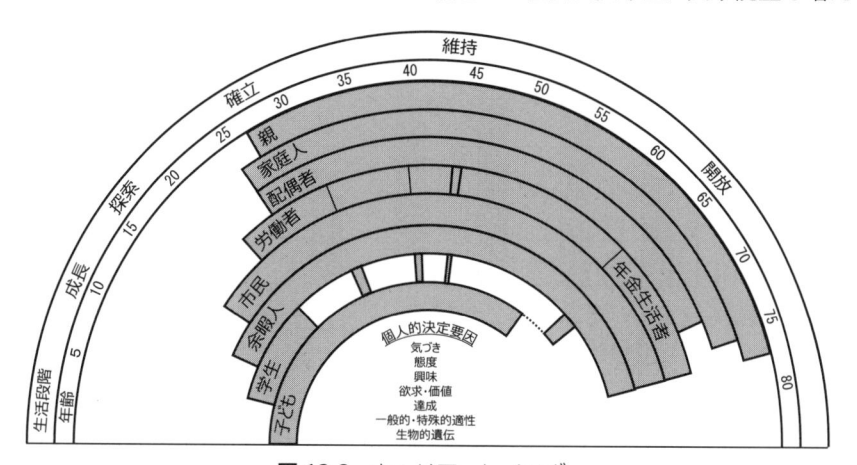

図13.3　キャリア・レインボー
（Super, D. E. (1980). "A life-span, life-space approach to career development," Journal of vocational behavior, 16(3), pp.282–298. を一部改変）[4]

13.3　100 年時代に生きぬくための無形資産

　財産の多くは値段をつけることができる有形資産といえます。これらが多いことに越したことは
ありませんが，多いからといって幸福になるとは限りません。ある調査では，年収が 700 万円を超
えるとそれほど幸福度が上昇しないという結果が出ています。これに対して，値段をつけられない
財産が無形資産です。例えば，健康とか友達関係とかです。そして，無形資産の方が幸福との関連
が強いと考えられています。これまでの社会では有形資産のみが注目されてきましたが，これから
は無形資産も意識して蓄積することが求められます。グラットンは無形資産を 3 種類に分類してい
ます。

1. 生産性資産：主に仕事に役立つ知識やスキルのこと
2. 活力資産：健康や，良好な家族・友人関係のこと
3. 変身資産：変化に応じて自分を変えていく力のこと

　生産性資産では，何を学ぶかが重要になります。近年の技術革新において，AI の発展は目を見
張るものがあります。ルーティンワークなどは AI に代替されていくことでしょう。2015 年に実施
された，野村総合研究所と英オックスフォード大学の共同研究によると，「日本の労働人口の 49 ％
が，人工知能やロボットなどで代替可能」になると指摘しています。このような時代に，人はどの
ような知識・スキルを習得すればよいのでしょうか？ これからは，新しい技術に関して理解し，
使いこなすことが重要といえます。その意味で知識・技術を頻繁にアップデートする必要があるで
しょう。そして，AI やロボットでは代替しにくい部分については，これまで以上に人間の力が求
められます。例えば，論理性や創造性といった能力と，人間的資質や対人関係能力といった能力が
AI 時代には求められるといわれています（図 13.4）。

　次に**活力資産**についてです。100 年時代では老年期を元気に生きていく必要があります。その意
味で健康に気をつけることは重要です。まだ若い学生の皆さんにとってはあまり関心がないかもし
れませんが重要なことです。また，良好な家族・友人関係を持つことは幸福感とも関連していると

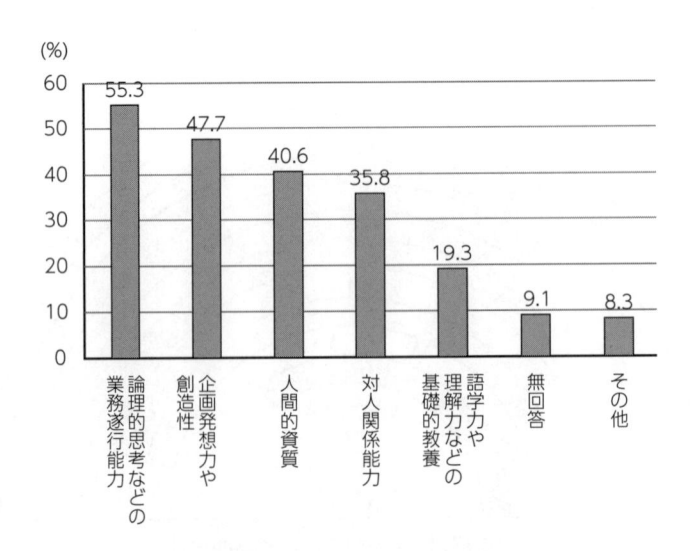

図 13.4　AI 時代に求められる能力
（総務省 (2018) をもとに筆者が作成）[5]

いわれます。特に，何か問題を抱えたときに力になってくれる他者を持つことはとても重要です。実際にその人たちの力を借りることはなくとも，いざとなったら相談できる，助けてくれる人がいると認識しているだけで人は頑張れるといわれています。

　最後に**変身資産**です。変身資産は，変化する社会のなかで生きていくために重要なもので，以下の 3 つだとされています。

1. 今の自分を知り，将来の自分の可能性を知る。過去，現在，未来の自分について考える。自己理解。自分がどんな人で，将来どのようになりたいかを描くこと。
2. 円滑な移行に必要な人的ネットワーク。多様なネットワークを持つ人ほど円滑に移行できる。多様なロールモデルやイメージが得られるからです。
3. 新しい経験に対して開かれた姿勢を持っていること。行動することによって変化・成長することができる。

👤 **個人ワーク 1：変身資産を増やすために今からできること**

　変身資産を増強するために，前述の 2 と 3，すなわち「人的ネットワークを広げること」，「新しい経験に開かれていること」の 2 つを行う必要があります。つまり，従来あまり接触のなかったコミュニティに挑戦的に参加していくことです。特に自分にとって異質な世界（異なる趣味や地域，世代の集まり）に参加し，その人たちとともに何らかの役割を担って活動をしていくことです。このなかで自分の強みを発揮していくこともできますし，同時に新しい文化，知識，スキルも獲得されていきます。また，多様性を理解し，多様性を尊重しつつ個性的に生きる術を身につけることもできます。そこで次のワークをやってみてください。

インストラクション

- 学生時代に自分が参入できる異質な世界には何があるでしょうか。これまで慣れ親しんでいない文化，領域，世代の人たちと出会えそうなものを，複数挙げてください。
- 次に，その世界では，どのような人たちと出会い，どのような活動を行うか，どのようなことを身につけることができそうかを想像してください。上記 2 点を「表 13.1 変形資産を増やす」にまとめてください。

表 13.1 変形資産を増やす

異質な世界	出会う人，活動，得られること

> ### 👥 グループワーク
>
> グループになって，このワークの結果についてメンバーと共有をしてください。他のメンバーの発表を聴いて，どんな世界があるかを広げていきましょう。また，興味を持つ世界があれば，どんなところに興味をもったのかを本人に伝えましょう。
>
> 最後に，メンバーが発表したものを含めて，実際に参入するとしたらどの世界にするかを決めてください。なぜ，それにしたのか理由も話しましょう。

13.4 未来について考える

変身資産では，過去，現在，未来の自分について考えることの重要性を述べました。すでに本書では，自己理解のために，過去・現在を見てきました。そこで，少し未来について見ていきましょう。ただ，もとより未来は必ずしも思い通りになるわけではありません。ここでは不確実な時代において未来を考えるための「未来洞察（foresight）」を紹介します。未来洞察は，ビジネスの世界で用いられていて「不確実な未来を自社の成長機会として取り込むための方法論」といわれています（日本総合研究所未来デザイン・ラボ，2016）[6]。私たち個人に当てはめると「不確実な未来を自分の成長機会として取り込むための方法論」といえます。すでに社会で起きている小さい変化や見逃しがちな変化，すなわち「未来の兆し」を見つけて未来の社会について想像し，そこで求められる自己をつかみとっていきます。

なお，類似の言葉に「未来予測（forecast）」があります。これは客観的な事実をもとに現在の延長線上で未来を論理的に考えるものです。誰がやっても同様の未来に行き着く傾向があります。ただ，前提となる事実が変化すると，その予測は大きく外れてしまいます。これに対して，未来洞察は定性的なデータをもとに未来を複数発想してから現在を見つめ直します。未来洞察には不確定要素が多いのですが，そのような態度で未来を見据えることによって様々な変化に対応してチャンスをつかみ取る可能性を増やすことができます。

> ### 👤 個人ワーク 2：未来洞察
>
> 学生の皆さんが将来活躍する社会は，現在もそして今後も変化をし続けていきます。どのように変化していくかについて，未来洞察を用いて考えてみましょう。

インストラクション

- 過去半年くらいのニュース記事から自分なりに「未来の兆し」を 5 件ピックアップして，「表 13.2 未来洞察シート」の左欄に記入してください。「未来の兆し」とは「まだ社会に大きな影響を与えていないけれど，将来，社会変化を与えそうだ」と感じるものです。
- 5 件の「未来の兆し」を組み合わせたときに，社会はどのように変化していくか，想像力を働かして考え，右欄に記入してください。考える視点としては，日本の社会や企業，働き方，求められ知識・能力・スキルです。

留意事項 1：ニュースを調べる際は，特定のテーマで検索するのではなく，社会，ビジネス，テクノロジーなど幅広く眺めるように見てください。そのなかで，「未来の兆し」として目についた記事，気になった記事を取り上げてください。主観的判断で結構です。

留意事項 2：未来については，正解はないので自由に発想してください。

表 13.2　未来洞察シート

「未来の兆し」	未来（5 年後くらい）はどう変化していくか
1	日本の社会や企業
2	働き方
3	
4	求められる知識・能力・スキル
5	

♟♟♟ グループワーク

　お互いの「未来洞察」の結果をグループで共有しましょう。1 人ひとり，自分がどのような記事を取り上げ，どのような未来を洞察したかを発表しましょう。なぜ，そのように洞察したのかについても説明してください。また，聴いている人も，興味を持って気になる点について尋ねてみましょう。1 人が話し終わったら，拍手をして次の発表者に代わります。順次進めていってください。全員の発表が終わって時間がある場合は，自分の発表や他者の発表に対して自由に感想を述べたり，追加の質問をしたりしてください。

　グループワークが終了したら，他者が取り上げた「未来の兆し」や「未来洞察」で気に入ったものがあれば，自分の未来洞察に取り入れて構いません。未来洞察をブラッシュアップしましょう。

● コラム 16　経験学習と越境学習

　学習というと授業で知識を学ぶイメージを持つ方が多いかもしれません。しかし，学習とは経験や観察によって獲得される比較的永続的な行動変化を指します。特定の行動に限定した学習プロセスは心理学で解明されています（オペランド学習やレスポンデント学習など）。ところが，語学の習得とか専門スキルの習得などは学習プロセスが複雑になります。Kolb (1984) [7] は，このプロセスを大きく 4 つのモードのサイクルとして示しました（詳細は第 11 章を参照）。これによって，特定の技能・スキルを熟達させることができます。学生の皆さんも何かを上達したいときは，このサイクルを参考にしてください。具体的な行動やそのときの状況をしっかり振り返り，そこから上手くいった共通項を見出すことがポイントです。

　これに対して越境学習は，何か 1 つのことに上達するというよりも，多様な発想を獲得する学習といえます。特に，1 つの閉鎖的なコミュニティにしか属していないと，井の中の蛙になってしまいます。自分のコミュニティのあたり前に気づかず，特定の考え方に凝り固まって発想が貧困になっていきます。結果として，個人もコミュニティも活動が停滞していきます。このとき，自分のコミュニティを超えて他のコミュニティへ移行すること（越境）が必要になります。越境すると，これまでのコミュニティとは全く違った発想に出会ったり，これまでのコミュニティに合った前提条件（組織風土や組織文化のようなもの）に気づかされたりします。その結果，従来の発想を打破して新たな考え方ができるようになります。ただ，異質なコミュニティに行きっぱなしだと，そのコミュニティの文化にすっかりなじんでまた井の中の蛙になってしまうので，異質なコミュニティを，できれば複数を行ったり来たりすることがポイントになります。これは変身資産を増やすことにも通じる学習です。学生時代は自由な時代です。是非，複数の性質の異なるコミュニティに属してみてください。人間的な幅が広がると思います。

● 引用文献・参考文献 ●

[1] WHO (2023). 2023 年版世界保健統計.

[2] リンダ・グラットン, アンドリュー・スコット, 池村千秋（訳）(2016). LIFE SHIFT (ライフ・シフト). 東洋経済新報社.

[3] 厚生労働省 (2023). 令和 4 年簡易生命表の概況.

[4] Super, D. E. (1980). "A life-span, life-space approach to career development," Journal of vocational behavior, 16(3), pp.282–298.

[5] 総務省 (2018). 平成 29 年通信利用動向調査.

[6] 日本総合研究所 未来デザイン・ラボ (2016). 新たな事業機会を見つける未来予測の教科書. KADOKAWA.

[7] Kolb, D. A. (1984). Experiential learning. New Jersey, Eaglewood Cliffs.

最終章 ありたい姿を現実に
―未来のビジョンとプランを考える―

皆さんここまでよく学んでこられました。最終章では，これまでの学びや気づきを総まとめしていきます。そして，それらに基づいて未来のビジョンを描き，その実現のためのプランを考えていきます。その結果，自分のスペックや成長も見えてきます。これからの大学生活，さらには社会人になったときの指針になるものを作っていきますので，もうひと頑張りしましょう。

なお，最終章での作成物は，1度作ったらおしまいではありません。ときどき，見直していく必要があります。学年が上がるたびに，各章のワークを部分的に見直したり，その結果を本章のワークシートに反映してバージョンアップするなど，継続的に自律的にキャリアを見直していきましょう。

ワーク1：自己理解の総まとめ

第1章〜第11章までに明らかにした自分自身をまとめていきましょう。これによって，自己理解と仕事理解を俯瞰して捉えることができます。あらためて自分の判断基準を振り返り，ブラッシュアップしていきます。

自分自身を表す自己イメージは，自分がしたいこと（Will），できること（Can），大事にしていること（Value）の3つで表現することができます。この視点で自分をまとめてみましょう。

インストラクション

- 自分の Will, Can, Value について，本書の該当する章を振り返って，自己理解まとめシートの各欄に記入してください。
- 最後に自己評価をします。①書き出した Will について確信が持てるかどうか，しっくりくるかどうか，②書き出した Can について自信があるかどうか，③書き出した Value について納得感があるかを10段階で評価してください。

実施上の留意事項：まずは，各章で書かれたものを書き写して構いませんが，そのなかで，表現や言葉をより自分らしいものに修正したり，つまりどういうことなのか要約したりしてください。それにより，より自分らしさを感じられるようになります。

自己理解まとめシート

第 2 章・第 3 章・第 4 章・第 8 章から自分の興味,
個性,自分らしさを以下にまとめましょう

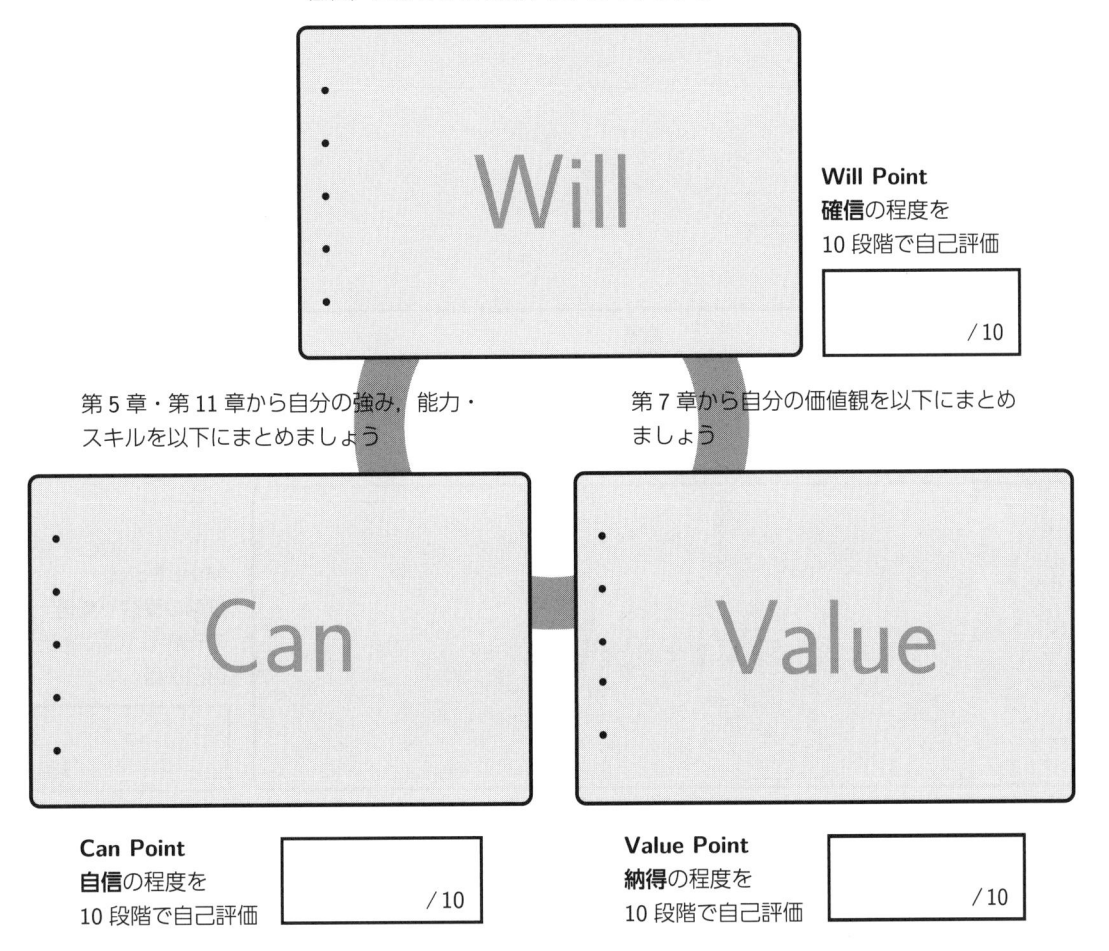

Will Point
確信の程度を
10 段階で自己評価

／ 10

第 5 章・第 11 章から自分の強み,能力・
スキルを以下にまとめましょう

第 7 章から自分の価値観を以下にまとめ
ましょう

Can Point
自信の程度を
10 段階で自己評価

／ 10

Value Point
納得の程度を
10 段階で自己評価

／ 10

ワーク 2 : 環境理解の総まとめ

　第 6 章・第 9 章～第 13 章を踏まえて,社会の動向や企業などの環境についての理解をまとめていきます。

- 環境理解まとめシートに書かれている項目について,テキストを振り返りながら記入してください。
- 最後に自己評価をします。①社会やその動向について現実的に感じられたかどうか,②すべきことに対して引き受ける覚悟はどの程度かを 10 段階で自己評価します。もし,点数が低い場合は,該当する章を再検討をしてみましょう。

実施上の留意事項：記入事項について,記入中に考えが深まったり,新たなことに気づいたりすることは大切なことです。このことも踏まえて記入するようにしましょう。

環境理解まとめシート

第 10 章・第 13 章から社会の変化や企業について学んだこと・気づいたことを
以下にまとめましょう

・
・
Social
・
・
・

Social Point
社会の現実感を
10 段階で自己評価

/ 10

上記および第 6 章・第 9 章・第 12 章から，自分の今後担うべき役割や果たすべ
き責任，学ぶべきこと/成長すべきことを以下にまとめましょう

・
・
Must
・
・
・

Must Point
役割の受容や覚悟
の程度を 10 段階で
自己評価

/ 10

ワーク 3：ビジョン「ありたい姿」を描く

　ここではいよいよ自分の未来について，将来のビジョン・シートで明らかにしていきましょう。
未来を待つのではなく，自ら創り出すつもりで描きましょう。

インストラクション

- 前述の自己理解と環境理解に基づいて「将来のビジョン（Vision）」を「将来のビジョン・シート」に描きましょう。主人公は序章で描いたキャラクターです。何年後の将来かは適宜決めてください。
- シート上段では未来の主人公の姿を絵やイラスト，コラージュなど好きな方法で映像化し，シート下段ではそれを言葉で説明をしてください。
- 自分の立場・役割（Will や Must），発揮している知識・スキル（Can），その立場で誰に何を提供し影響を与えているのか（Will や Must），結果として自分は何を得ているのか（Value）を表現しましょう。
- 最後に 10 段階で自己評価をします。そのビジョンを実現したいという思いはどの程度ですか。点数が低い場合は，もう 1 度書き直してみましょう。

将来（_____年後）のビジョン・シート

<table>
<tr><td>Vision
序章のキャラクターを用いて
絵・コラージュなどで表現</td></tr>
<tr><td>上記を言葉で説明

Vision Point
実現する意欲の程度
を 10 段階で自己評価 ／10</td></tr>
</table>

ワーク 4：キャリアのプランニング

　ビジョンを達成するためにすべきことを考えていきましょう。これが実行計画（プラン）になります。

インストラクション

- ビジョンの達成のために<u>今後したい体験・すべき体験，準備すること，成し遂げること</u>などについて「プラン・シート」に書き出しましょう。それらをいつから実行するか，いつまでに達成するかも書き出しましょう。
- 最後に 10 段階で自己評価をします。①このプランはビジョン実現につながっているか，②このプランは実行可能なものかを評価します。点数が低い場合は，ビジョンの実現に有効ではない行動や実行に無理があるものを再検討しましょう。

実施上の留意事項：夏休みなどの長期休暇中は，新たなことを行うチャンスです。日常的に行うことだけでなく，長期休暇中でないとできないことも検討しましょう。

プラン・シート

すること	いつから	いつまでに	自己評価 ○△×

Plan Point
ビジョン実現性を 10 段
階で自己評価

/ 10

　プラン実行にあたって重要なのは自己コントロールです。そこで，おさらいとして第 10 章の
キャリア・コントロールで学んだことをあらためて以下に書き出してみましょう。

キャリア・コントロールで学んだこと

　上記を意識しながらプランを実行していってください。

ワーク 5：障害や困難への対策

　プランで立てた「すること」が順調に進められればよいのですが，実際はそれに障害がはだかったり，困難が生じたりと難しい場合があります。まずは，現時点で予想できる障害や困難を挙げてそれへの対策を立てておきましょう。備えあれば憂いなしです。そして，実際に進めていくなかで生じる問題もありますが，これについては KPT 法で対応しましょう。

インストラクション

- まず，もう 1 度「ビジョン」と「プラン」を眺めます。ビジョンの実現やプランの実行を通じて生じうる障害や困難には何があるでしょうか。実施に行動している自分を想像しながら列記していきましょう。
- 次に，挙げた障害の 1 つひとつについて，今からどのような対策を打つことができるのかも考えましょう。完璧な対策でなくても構いません。事前に準備しておくことが心構えになっていきます。
- 最後に自己評価をします。①対策がどのくらいの障害をカバーできているかの網羅度，②対策によってできる安心感について評価してください。

実施上の留意事項 1：障害となるものには，自分以外の周囲の人や環境によるものもありますし，自分自身にもあるかもしれません。両方の視点から検討しましょう。

実施上の留意事項 2：対策についても自分だけで行うこともあれば，誰かの助けを得て行うこともできます。自分の「強み」は自分でできる対策ですから，是非発揮しましょう。しかし，自分に限界がある場合は，周囲にどんな助けがあるかを検討してください。親・親戚，友人・知人，学校，役所，各種専門機関などあらゆる手段を使ってみることが大切です。

予想される障害と対策

予想される障害	対策

Troubleshoot Point
安心感を 10 段階で自己評価　　／10

プラン実行の振返り

　計画を実行している最中にも障害に出会ったり，失敗したりすることがあります。そこで，それに対処する方法として KPT 法（ケプト法）を紹介します。実行結果を振り返る際に役立ちます。これは第 13 章のコラムで紹介した経験学習理論にも通じる手法です。

　下記の「KPT 法シート」の Keep 欄には上手くいったことを書きます。その行動は今後も続けていってください。Problem 欄には上手くいかなかったこと，失敗したことを書きます。そして，その原因を考えて記入してください。最後に Try 欄には，Problem で見えた原因に対する対策を記入します。完璧である必要はありません。やってみてダメならまた KPT で検討すればよいのです。失敗そのものが悪いのではなく，失敗を放置することが悪いのです。このように考えると，失敗は成長のチャンスといえます。

KPT 法シート

Keep（上手くいったこと，続けること）	Try（今後，試してみること）
Problem（上手くいかなかったこと，その原因）	

ワーク 6：成長を振り返る

　まず，人生の主人公であるあなたのキャラクターはどのくらいのスペックを持っているでしょうか？ 今回のワーク 1～5 の自己評価を次頁のレーダーチャートに記入してみましょう。

　また，序章において，皆さんの成長を把握するためにキャリアに対する準備状態（キャリアレディネス）を測定する心理尺度に答えてもらいました。ここでは，当初と比較するために，もう 1 度同じ尺度に答えてもらいます。

　すべてに回答したら，合計欄に合計得点を記入します。序章での点数も確認して「当初の点数」に記入しましょう。どのくらいの変化があったでしょうか。

　点数が上がった人は，これからの職業生活や働き方についてかなり自分なりの考えが深まり，明確な心構えができている人です。もし，あまり変わらない，あるいは低下した場合は，その原因を考えてみましょう。点数の停滞や低下は必ずしも悪い結果とは限らないからです。例えば，本書を使って自己理解を深めていった結果，かえって混乱した，わからなくなってきたというケースが考えられます。これは，今までの自分とは違う視点や考え方が取り入れられたからではないでしょう

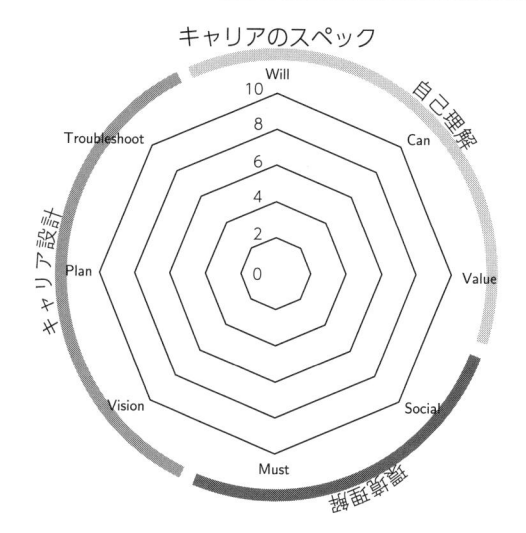

キャリアのスペック

か。それがまだ整理がついていないという成長の過程にある状態と考えられます。この整理がつくと，ぐんとキャリアレディネスは上がるはずです。成長のスピードは人それぞれですが，その原因をしっかり振返って今後に生かしていきましょう。

Q. 現在のあなたは以下の項目がどの程度当てはまりますか？ 7段階で答えてください。

表14.1 キャリアレディネス
（坂柳 (2019) をもとに筆者が作成）[1]

7非常に当てはまる，6かなり当てはまる，5やや当てはまる，4どちらとも言えない，
3あまり当てはまらない，2ほとんど当てはまらない，1全く当てはまらない

No	質問項目	段階
1	これからの職業生活や働き方について，とても興味を持っている。	
2	これからの職業生活は，自分の力で切り開いていこうと思う。	
3	希望する働き方をするための具体的な計画を立てている。	
4	職業生活を充実させるために，より多くの情報に接するようにしている。	
5	職業生活をどう過ごすかは，他の人から言われなくても考えている。	
6	将来どのような職業人になりたいのか，自分なりの目標を持っている。	
7	これからの働き方は自分にとって重要な問題なので，本気で考えている。	
8	職業生活を充実させるためには，多くのことに進んでチャレンジしようと思う。	
9	充実した職業生活を送るために，計画的に取り組んでいることがある。	
	当初の点数 ＿＿点 → 合計	

●コラム 17　プランド・ハプンスタンス理論（planned happenstance theory）

　キャリアを形成するには，最終的に実現したいことを目標として設定し，そのために目標直前で実現すべきこと，さらにそれを実現するためにすべきこと，さらにそれを実現するためにすべきこと…と目標から逆算して計画を立てていく方法があります。これを「バックキャスティング」といい，ビジネスではよく使われる計画立案の方法です。人生やキャリアについても，このバックキャスティングで上手くいけばよいのですが，必ずしもうまくいかないこともあります。むしろ，偶然の出会いやチャンスを得て，自分のキャリアを決定することが少なくないことがわかっています。

　アメリカの心理学者であるクランボルツ（Krumboltz）[2] は，1999 年にプランド・ハプンスタンス理論を提唱しました。彼は，個人のキャリアは想像以上に偶然の出来事によって左右され，そしてより望ましい方向へと影響を及ぼすことが多いことを調査の結果から指摘しました。それは単なる偶然ではなく，人が積極的に偶然の出来事を作り出して，自分自身のキャリアに取り入れているということなのです。そのような人たちが共通で用いている 5 つのスキルがあります。

1. 好奇心（curiosity）：新しい学びの機会を模索する
2. 持続性（persistence）：たとえ失敗しても努力し続ける
3. 柔軟性（flexibility）：姿勢や状況を変えることを進んで取り入れる
4. 楽観性（optimism）：新しい機会は実行でき達成できるものと考える
5. 冒険心（risk-taking）：結果がどうなるかわからない場合でも行動することを恐れない

　とはいえ，人生の目標を立て，それを実現する大まかな計画を立てることは不要ではありません。自分が将来どのようなところに向かっていくのかという目標や方向性は必要です。それらがなければ，偶然の出来事と遭遇してもそれには気づかないでしょう。人生の目標や方向性が明確だからこそ，上述の 5 つのスキルを発揮することによって，無数にある偶然の出来事に気づくことができ，そのチャンスを活かすことができるのです。

　5 つのスキルの重要な共通点は何でしょうか？　おそらく，「探索的に行動をし続けること」ではないでしょうか。自分の目標に向かって様々な行動をすることを止めてしまうことがキャリア発達の可能性を奪ってしまうことと考えられます。自分のありたい人生やキャリアを形成したい人は，是非，5 つのスキルを発揮し続けていってください。

● 引用文献・参考文献 ●

[1] 坂柳恒夫 (2019). 高校生・大学生のキャリア成熟に関する研究-キャリアレディネス尺度短縮版 (CRS-S) の信頼性と妥当性の検討. 愛知教育大学研究報告. 教育科学編, 68, pp.133–146.

[2] Mitchell, K.E., Al Levin, S., & Krumboltz, J.D. (1999). Planned happenstance: Constructing unexpected career opportunities. Journal of counseling & Development, 77(2), 115–124.

著　者

山本和美（やまもと・かずみ）

担当：第1章・第2章・第3章・第4章・第6章・第7章・第9章・第10章

　国立大学法人山梨大学教育統括機構キャリアセンター特任教授，国立大学法人埼玉大学教育学部非常勤講師，日本キャリア・カウンセリング学会社員，日本キャリア・カウンセリング学会第29回研究大会実行委員長。埼玉大学大学院教育学研究科学校教育専攻（心理・教育実践学専修）博士前期課程修了（教育学修士）。国家資格2級キャリアコンサルティング技能士，キャリアコンサルタント。大学生から社会人向けのキャリアカウンセリングおよびキャリアデザイン講師，マナー講師の他，学校コンサルテーション，企業向け社員研修と，幅広い層のカウンセリングおよびコンサルティングに従事。

高橋　浩（たかはし・ひろし）

担当：序章・第5章・第8章・第11章・第12章・第13章・最終章

　ユースキャリア研究所代表，特定非営利活動法人日本キャリア開発協会理事，大学講師（法政大学大学院キャリアデザイン研究科，目白大学大学院心理学研究科など）。博士（心理学），公認心理師，キャリアコンサルタント。1987年，弘前大学教育学部を卒業後，NECグループの半導体設計会社に入社し半導体設計，品質管理，経営企画，キャリア相談に従事。2001年，CDA（キャリア・デベロップメント・アドバイザー）を取得し，2012年，キャリアカウンセラーおよびキャリア心理学研究者として独立。主な著書は，『セルフ・キャリアドック入門』（共著，金子書房，2019），『グループ・キャリア・カウンセリング』（共著，金子書房，2018），『新時代のキャリアコンサルティング』（共著，労働政策研究・研修機構，2016）他，多数。

未来社会を展望するキャリアデザイン

2024年 3月15日	第1版　第1刷　発行
2024年 10月31日	第2版　第1刷　発行

著　者　　山本和美
　　　　　高橋　浩
発行者　　発田和子
発行所　　株式会社　学術図書出版社

〒113-0033　東京都文京区本郷5丁目4の6
TEL 03-3811-0889　振替 00110-4-28454
印刷 三美印刷(株)